本书是四川外国语大学新文科特色教材"校史育人：以四川外国语大学为例"、四川外国语大学2020年党建和思想政治教育重点项目"校史资源协同高校'三全育人'发展研究"（项目编号sisu202072）、四川外国语大学"塑魂·蒙正"思想政治工作精品项目培育建设工程第二期（2020年）基于"校史资源协同高校'三全育人'发展研究"项目的最终成果。

新文科建设：以文化人系列丛书

校史文化育人

海纳百川 学贯中外

官晴华 宋雷 陈挚 常慧明 王品 编著

重庆大学出版社

图书在版编目(CIP)数据

海纳百川 学贯中外：校史文化育人 / 官晴华等编
著 . -- 重庆：重庆大学出版社，2024.4
（新文科建设：以文化人系列丛书）

ISBN 978-7-5689-4443-4

Ⅰ . ①海… Ⅱ . ①官… Ⅲ . ①四川外国语大学—校史
Ⅳ . ①G649.287.19

中国国家版本馆 CIP 数据核字(2024)第 075432 号

海纳百川 学贯中外——校史文化育人

HAINABAICHUAN XUEGUANZHONGWAI—XIAOSHI WENHUA YUREN

官晴华 宋雷 陈挚 常慧明 王品 编著
责任编辑：黄菊香 版式设计：欧阳荣庆
责任校对：谢 芳 责任印制：张 策
*
重庆大学出版社出版发行
出版人：陈晓阳
社址：重庆市沙坪坝区大学城西路 21 号
邮编：401331
电话：(023)88617190 88617185(中小学)
传真：(023)88617186 88617166
网址：http://www.cqup.com.cn
邮箱：fxk@cqup.com.cn(营销中心)
全国新华书店经销
重庆升光电力印务有限公司印刷
*
开本：890mm×1240mm 1/32 印张：8.875 字数：200 千
2024 年 4 月第 1 版 2024 年 4 月第 1 次印刷
ISBN 978-7-5689-4443-4 定价：45.00 元

总序

以文化人 生生不息
——新文科建设：以文化人系列丛书总序

四川外国语大学党委书记　邹　渝

　　四川外国语大学，简称"川外"（英文名为Sichuan International Studies University，缩写为SISU），位于歌乐山麓、嘉陵江畔，是我国设立的首批外语专业院校之一。古朴、幽深的歌乐山和清澈、灵动的嘉陵江涵养了川外独特的品格。学校在邓小平、刘伯承、贺龙等老一辈无产阶级革命家的关怀和指导下创建，从最初的中国人民解放军西南军事政治大学（以下简称"西南军政大学"）俄文训练团，到中国人民解放军第二高级步兵学校俄文大队，到西南人民革命大学俄文系、西南俄文专科学校（以下简称"西南俄专"），再到四川外语学院，至2013年更名为四川外国语大学。学校从1979年开始招收硕士研究生，2013年被国务院学位委员会批准为博士学位授予单位，2019年经人社部批准设置外国语言文学博士后科研流动站。学校在办学历程中秉承"团结、勤奋、严谨、求实"的优良校风，弘扬"海纳百川、学贯中外"的校训精神，形成了"国际导向、外语共核、多元发展"的办学特色，探索出一条"内涵发展，质量为先，中外合作，分类培养"的办学路径，精耕细作，砥砺前行，培养了一大批外语专业人才和复合型人才。他们活跃在各条战线，为我国的外交事务、国际商贸、教学科研等各项建设作出了应有的贡献。

经过七十三年的发展，学校现已发展成为一所以外国语言文学学科为主，文学、经济学、管理学、法学、教育学、艺术学、哲学等协调发展的多科型外国语大学，具备了博士研究生教育、硕士研究生教育、本科教育、留学生教育等多形式、多层次的完备办学体系，主办了《外国语文》《英语研究》等有较高声誉的学术期刊。学校已成为西南地区外语和涉外人才培养以及外国语言文化、对外经济贸易、国际问题研究的重要基地。

进入新时代，"一带一路"倡议、"构建人类命运共同体"和中华文化"走出去"等国家战略赋予了外国语大学新使命、新要求和新任务。随着"六卓越一拔尖"计划2.0（指卓越工程师、卓越医生、卓越农林人才、卓越教师、卓越法治人才、卓越新闻传播人才教育培养计划2.0和基础学科拔尖学生培养计划2.0）和"双万"计划（指实施一流专业建设，建设一万个国家级一流本科专业点和一万个省级一流本科专业点）的实施，"新工科、新农科、新医科、新文科"建设（简称"四新"建设）成为国家高等教育的发展战略。2021年，教育部发布《新文科研究与改革实践项目指南》，设置了6个选题领域、22个选题方向，全面推进新文科建设研究和实践，着力构建具有世界水平、中国特色的文科人才培养体系。

新文科建设是文科的创新发展，目的是培养能适应新时代需要、能承担新时代历史使命的文科新人。2020年11月3日，全国有关高校和专家齐聚中华文化重要发祥地山东，共商新时代文科教育发展大计，共话新时代文科人才培养，共同发布《新文科建设宣言》。这里，我想引用该宣言形成的五条共识。

一是提升综合国力需要新文科。哲学社会科学发展水平反映着一个民族的思维能力、精神品格和文明素质，关系到社会的繁荣与和谐。

二是坚定文化自信需要新文科。新时代，把握中华民族伟大复兴的战略全局，提升国家文化软实力，促进文化大繁荣，增强国家综合国力，新文科建设责无旁贷。为中华民族伟大复兴注入强大的精神动力，新文科建设大有可为。

三是培养时代新人需要新文科。面对世界百年未有之大变局，要在大国博弈竞争中赢得优势与主动，实现中华民族复兴大业，关键在人。为党育人、为国育才是高校的职责所系。

四是建设高等教育强国需要新文科。高等教育是兴国强国的"战略重器"，服务国家经济社会高质量发展，根本上要求高等教育率先实现创新发展。文科占学科门类的三分之二，文科教育的振兴关乎高等教育的振兴，做强文科教育推动高教强国建设，加快实现教育现代化，新文科建设刻不容缓。

五是文科教育融合发展需要新文科。新科技和产业革命浪潮奔腾而至，社会问题日益综合化、复杂化，应对新变化、解决复杂问题亟须跨学科专业的知识整合，推动融合发展是新文科建设的必然选择。进一步打破学科专业壁垒，推动文科专业之间深度融通、文科与理工农医交叉融合，融入现代信息技术赋能文科教育，实现自我的革故鼎新，新文科建设势在必行。

为全面贯彻教育部等部委系列文件精神和全国新文科建设工作会议精神，加快文科教育创新发展，构建以育人育才为中心的文科发展新格局，重庆市率先在全国设立了"高水平新文科建设高校"项目。而四川外国语大学有幸成为重庆市首批"高水平新文科建设高校"项目三个入选高校之一。这就历史性地赋予了我校探索新文科建设的责任与使命。我们要立足"两个一百年"奋斗目标的历史交汇点，准确把握新时代发展大势、高等教育发展大势和人才培养大势，超前识变，积极应变，主动求变，以新文科理念为指引，谋划新战略，探索新路径，深入思考学校发展的战略定位、模式创新和条件保障，构建外国语大学创新发展新格局，努力培养一大批信仰坚定、外语水平扎实，具有国际化视野和国际治理能力的高素质复合型国际化人才。

基于上述认识，我们启动了"四川外国语大学新文科建设系列"丛书编写计划。这套丛书将收录文史哲、经管法、教育学和艺术学等多个学科专业领域的教材，以新文科理念为指导，严格筛选程序，严把质量关。在选择出版书目的标准把握上，我们既注重能体现新文科的学科交叉融合精神的学术研究成果，又注重能反映新文科背景下外语专业院校特色人才培养的教材研发成果。我们希望通过丛书出版，积极推进学校新文科建设，积极提升学校学科内涵建设，同时也为学界同仁提供一个相互学习、沟通交流的平台。

"新文科建设：以文化人系列"是"四川外国语大学新文科建设系列"丛书中率先启动的部分。以"以文化人"的面目出现，充分体现了新文科建设中"价值引领"的极端重要性，凸显了"价值引领"在新文科建设中的牵引作用。

这是因为：文化自信是实现中华民族伟大复兴的精神力量。社会主义核心价值观是文化最深层次的要素，文化自信在根本上取决于社会主义核心价值观的生命力、凝聚力、引领力。围绕举旗帜、聚民心、育新人、兴文化、展形象的使命任务，大力推动中华优秀传统文化创造性转化、创新性发展，培育践行社会主义核心价值观，高等文科教育作为培养青年人自信心、自豪感、自主性的主战场、主阵地、主渠道，坚持以文化人、以文培元，大力培养具有国际视野和国际竞争力的时代新人，新文科建设任重道远。

"新文科建设：以文化人系列"由我校二级教授、当代中国研究院首席研究员，重庆市文化软实力研究中心主任，原党委常委、纪委书记苟欣文教授领衔，组织我校中青年教学科研骨干担纲，围绕"以文化人"主题，分别从时代使命、红岩精神、世界多元文化、中华优秀传统文化、电影节展文化、校史文化、大学生社区文化等角度切入，比较全面、深入地总结了我校文化育人的成果。同时，本系列作为苟欣文教授负责的重庆市高校思想政治教育"十大育人"精品项目"文化育人"类型唯一立项的"构建'八大平台'，把'双红基因'和'多元文化'融入'三全育人'实践体系"课题的最终成果，还比较好地兼顾了兄弟高校在文化育人方面取得的成果。

本项目从立项到出书，历时三年有余。

如今，交由重庆大学出版社公开出版的本系列共包括七本：

《愿化青春成利剑——时代使命育人》（林移刚等编著）；

《千秋青史永留红——红岩精神育人》（苟欣文等编著）；

《各美其美　美美与共——世界多元文化育人》（朱天祥等编著）；

《国学根柢　世界眼光——中华优秀传统文化育人》（薛红等编著）；

《光影沁润心灵 ——电影节展文化育人》（丁钟编著）；

《海纳百川　学贯中外——校史文化育人》（官晴华等编著）；

《润物细无声——大学生社区文化育人》（崔光军等编著）。

本系列着重理论成果向实践路径的转化，至于学术原创，或许并非作者们的初衷。各位编写老师坚持这一明确定位，保证了这个系列成果在同类教材中的独特价值。这条路子是正确的，广大师生是会认可并喜欢上这套选题独到、装帧典雅、文字鲜活、图文并茂的参考教材的。

《周易》云："观乎天文，以察时变；观乎人文，以化成天下。"

这是中国文化传统中"文化"和"人文"这两个概念最早的出处。文化最终就是要"人文化成"。在现代社会，"文化"演化成了一个名词，但实际上，文化原本是一个动词，它的落脚点就在这个"化"字上。无论是感化，还是教化，都体现了文化的本身价值和社会功能。以文化人才是正解。

探索以文化人，是一项长期而艰苦且正在行进中的工作。客观地讲，本系列目前还只是一个阶段性的成果。尽管编者们已尽心尽力，但成果转化的空间仍然很大。尤其是，书中提出的一些路径是否完全可行，还需要时间和实践验证。但无论如何，这是一个良好的开始，我相信以后我们会做得越来越好。

感谢重庆大学出版社领导和编辑对本系列的大力支持。由于时间仓促，且囿于我们自身的学识和水平，本系列肯定还有诸多不足之处，恳请方家批评指正。

以文化人，生生不息。

2023年6月18日写于歌乐山下

序 用七十三个春秋诉说
海纳百川　学贯中外

本书以四川外国语大学为例，探讨利用高校校史文化育人的内涵、路径与方法。这是我们在新文科建设背景下进行"以文化人"的新尝试。

四川外国语大学走过了七十三个不平凡的春秋。

"海纳百川　学贯中外"是她的校训。

她用七十三个春秋诉说着属于她的"海纳百川　学贯中外"。

校训之于一所有担当的学校，是其弦歌不辍的精神主线；校训之于万千有作为的学子，是其奋发图强的灵魂支柱。校训体现了一所学校的办学传统，代表着校园文化和教育理念，是人文精神的高度凝练，是学校历史和文化的积淀，激励和劝勉在校的教师和学子们，即使是离开学校多年的人也会时常想起校训，想起在学校的学习生活，回忆起在学校的美好时光，激起当下生活勇气。校训，为我们打开学校的历史文化之门提供了一把金钥匙，为我们眺望学校的精神家园打开了一扇窗户。很多著名高校的校训都意蕴丰厚，广为流传，泽被世人。

四川外国语大学是一所始建于1950年5月，在周恩来、邓小平、刘伯承、贺龙等老一辈无产阶级革命家亲切关怀和指导下创办的，脱胎于西南军政大学俄文训练团，响应国家大战略而建的、外语特色鲜明的高等院校。她由老一辈无产阶级革命家亲手创建、亲自关怀、倾心指导；她四易校址、五更校名，一路走来极不平凡。

七十三年前的她，上课在"天堂"，吃饭在"地坪"，开会在院坝，睡竹篱笆通铺，吃粗茶淡饭；国家需要，学生立刻上岗，或是外交战线，或是文教一线，或是战争前线；有着"有命不用，要命干啥"的拼搏精神；王丙申、群懿、程贤光、孙致祥等一批又一批教育先贤熠熠生辉……

七十三年后的她，省级人文社科重点研究基地、教育部国别和区域研究培育/备案基地、重庆市2011协同创新中心——建成；《外国语文》《英语研究》是科研高地；区域与国别研究院、当代中国研究院、金砖国家研究院等应用型研究平台成果丰硕；与30余个国家或地区的100余所高校及机构建立校际合作与交流关系；在俄罗斯、多哥、美国等地建有孔子学院或孔子课堂；她年均接收各类国际学生400余人、长短期外专外教70余人，外派教师100余人、学生600余人；她是全球外国语大学联盟（GAFSU）高校之一、法语国家大学协会（AUF）正式会员单位，与国外政府及教育机构合作设立歌德语言中心、塞万提斯语言中心、意大利语中心、俄语中心、白俄罗斯研究中心等涉外教育与文化交流机构……

她用七十三年的厚重历史，生动地诠释"海纳百川　学贯中外"应有意蕴。这筚路蓝缕、薪火相传、功不唐捐、玉汝于成的七十三载光辉历史，深深地扎根在我心底。我为之钦佩信服、激励感动。她确确实实是一部永不过时的育人宝典！我有什么理由不把她踵事增华、发扬光大呢！

我们深入这厚重的校史，努力挖掘校史育人的宝贵资源。我们从纵深梳理校史文化育人的经验做法，同时又细致挖掘校史文化中川外的独特现象，比如爱岗敬业艰苦奋斗的优良作风，海纳百川、学贯中外的优良品格、服务社会感恩母校的价值追求和党育人为国育才的光荣使命,以此全方位展现校史育人成效,并激励后来人。培育党所需、国能用的时代新人,永远是学校的根本任务和终极价值追求。我们必须回应时代挑战,必须解决发展难题,必须承担起民族复兴的历史使命。

立足中国特色社会主义新时代,四川外国语大学以"立德树人"为根本任务,以"双一流"建设为引领,以提高人才培养质量为核心,进一步优化学科专业结构、深化教育教学改革、增强科学研究实力、加大国际交流力度、强化文化传承创新、提升社会服务水平,朝着加快建设特色鲜明的高水平应用研究型外国语大学的目标不断迈进!

以建设百年名校为目标的四川外国语大学,永远在路上!

"海纳百川 学贯中外"永远在路上!

目录

海纳百川　学贯中外

SISU

校史文化育人

01

第一章

始终坚守校史育人、
以文化人的育人法宝

寻找存在但遗失的
刘伯承司令员手谕

　　中国人民解放军西北军区军事政治大学俄文大队于1949年11月在西安成立，1950年1月随贺龙司令员率领的西北野战军南下，历经艰辛，于3月19日到达重庆沙坪坝山洞，奉命等待并整体并入即将成立的西南军政大学俄文训练团。3月初，根据中央军委命令和西南军政委员会主席、第二野战军司令员刘伯承的手谕，原第二野战军军事政治大学（以下简称"二野军大"）校部决定以四总队十三大队所属各级干部为基础组建俄文训练团。4月，这支西北军事政治大学俄文大队整体并入新组建的西南军政大学俄文训练团，成为其中的第一营学员。由此，如何看待学校初创时期的这段历史，其中一个关键因素是刘伯承司令员的手谕。

　　历史似乎有意给川外留下了一个悬念：虽多名学校初创人员亲眼见过这个手谕，知晓手谕的内容，但手谕却遗失不见了。为了这份存在但遗失的手谕，学校开展了多次外调寻查工作。原校史编委会秘书长兼副主编贾锡本同志全程参与了寻找手谕的过程。2021年5月，他根据1950—2010年校史编委会校史修订专题会议笔记，结合自身寻找的经历，写下了寻找手谕的艰辛过程，展现了川外人的努力和遗憾。

2011年3月7日，贾锡本与另一名老师去重庆市档案馆查阅1950年西南军区和西南军政委员会的历史资料。得悉该馆和重庆其他地方档案馆均无这方面的历史资料。17日，贾锡本与一位老同志（川外早期创建人之一、后任学校副院长的离休老领导，曾亲眼见过保存在俄文训练团的刘伯承手谕）到长沙的国防科学技术大学，通过曾在西南军政大学校部工作过的任学文查阅西南军政大学的校史资料线索，查阅无果。5月17日，贾锡本又与另一位老师到重庆警备区司令部查阅有关俄文训练团的历史资料，得悉1997年重庆直辖后，重庆警备区司令部已将以前所有的历史资料转移至中国人民解放军原成都军区（2016年2月已裁撤）。19日，贾锡本赶到四川省档案馆查阅西南军政委员会有关俄文训练团的历史资料，无果。同时，贾锡本又与在中国人民解放军原成都军区总医院信息科工作的、原川外法语专业1968届的一名校友取得联系，拜托其帮忙查阅是否保留有刘伯承司令员的手谕及其他西南军政大学俄文训练团成立前后的历史资料，得悉中国人民解放军原成都军区档案部门保留的原西南军区档案都转移到北京中国人民解放军原总政治部去了。至此，查询线索中断。

2013年1月31日，贾锡本又到开州刘伯承同志纪念馆查询手谕资料。时任该馆文物资料科科长兼宣传科科长的一位同志帮忙查找，未有结果。

刘伯承校长题词（1950年）

图1-1 刘伯承校长为西南军政大学题词（1950年）

2015年5月13日，学校离退休工作处组织离退休处级以上干部参观刘伯承同志纪念馆，展厅展出了刘伯承兼任西南人民革命大学校长时在学校开学典礼上的讲话及开学典礼会场的两张照片。这两张照片后辗转传到了学校，但刘伯承司令员的手谕至今没有找到。川外在70多年的历史中，五更校名，四易校址，历经动荡变迁，这份珍贵的刘伯承司令员手谕或许已消失在茫茫的历史长河中。

校史是新时代高校文化育人的
独特宝贵资源

　　《中共中央、国务院关于加强和改进新形势下高校思想政治工作的意见》强调指出："加强和改进高校思想政治工作任务十分紧迫，思想政治工作只能加强不能削弱，只能前进不能停滞，只能积极作为不能被动应对。要从更好进行具有许多新的历史特点的伟大斗争、推进党的建设新的伟大工程、推进中国特色社会主义伟大事业的战略高度，进一步增强做好高校思想政治工作的责任感和使命感。"①

① 中共中央党史和文献研究院.十八大以来重要文献选编（下）[M].北京：中央文献出版社，2018：479-480.

　　当前，国际国内形势深刻变化，不同思想文化交流交融交锋，社会思想多元多样多变。改革开放和社会主义市场经济的深入推进，互联网等新的传播渠道的迅速发展，在有力促进社会发展进步的同时，也给社会思想文化领域带来复杂影响，高校文化育人大环境面临许多新情况、新任务、新课题、新挑战。同时，有的地方和高校对文化育人工作重视不够，存在重智育轻文化育人、重学术轻思想、重硬件建设轻软件建设等现象，手段方法落后，创新流于表面，面对新挑战，缺乏有效的文化育人工作抓手。再有，与改革开放初期的大学生相比，当代大学生群体的价值取向、行为与思维模式都发生了巨大变化。这既有源自社会的复杂性向高校和青年渗透，冲击大学生原有的思想品德素养，也有以信息技术为支撑的网络平台的迅速发展壮大，使大学生得以拥有快速获取新鲜资讯的平台，成为网络平台中最为活跃的组成部分，从而促使大学生的价值观向着多元化的方向发展的必然因素。这些都为高校文化育人工作带来了较大的挑战。传统的说教与理论灌输的育人方式已经明显不适应新时代文化育人的现实需要，高校迫切需要开辟全新的教育领域与途径，提升文化育人工作的实效性。

一、校史与文化育人的关系
（一）校史是文化育人的独特资源

中国任何一所高校的创办与发展都与国家的兴衰荣辱有着密切的关联，众多高校见证、参与了我国从半殖民地半封建国家到社会主义现代化强国的革命、建设、复兴的波澜壮阔的历史征程。特别是中华人民共和国成立后，高校迎来了爆发式增长，为国家建设、改革、发展作出了巨大的贡献。

高校办学育人的历史过程，也是对国家和社会作出贡献的过程。校史真实地收录与整理这一过程，为高校的文化育人提供独特、丰富而宝贵的教育资源。校史资源来自高校自身的累积，与高校的成长命运息息相关，是其他教育素材不能代替的。校史资源中记录了高校改革与发展的持续渐变过程，记录了优秀教职员工与学生的先进事迹和教学科研成果，记录了学校服务社会与文化传承的历史使命，记

图1-2 中国人民解放军第二高级步兵
学校俄文大队时期学校大门
（1951年，重庆林园）

图1-3 中共中央原顾问委员会委员、
中央军委副秘书长刘华清接见学
校领导（1988年5月，重庆）

录了学校与祖国同频共振的和谐乐章。这些内容贴近师生
的日常学习、教学、科研、交往、管理、生活等，源于高
校又作用于高校师生的成长，进一步丰富了高校育人的资
源体系，进一步弥补了文化育人资源的不足，进一步提高
了文化育人的针对性与有效性，具有其他资源和手段无法
比拟的独特优势。

　　挖掘和利用高校校史独特的教育资源是促进校园文化建
设的实际需要。校园文化在高校文化育人工作中起到了重要
的熏陶作用，既是文化育人的环境和手段，也是文化育人的
阵地和内容。利用校史资源促进校园文化的建设是校史对文
化育人的独特贡献。校园文化是一所高校特有的文化形态，
是高校师生在长期的校园文化活动中逐渐形成的精神理念。
校园文化包含于高校的历史文化之中，是展示高校校史的又
一平台。校史中包含的高校的历史文化瑰宝与优秀的高校文
化，通过校园文化的建设，能够传递给高校的广大师生，使
他们在校园文化活动中感受校史的内涵，潜移默化地接受高
尚的道德熏陶。

图1-4 西南俄专学生男子篮球队合影（1953年7月，重庆）

这种独特的教育方式与资源，倾注于校园的物质文化、精神文化、制度文化以及生态文化等多个方面，使师生在日常的学习与生活中能够感受到校史文化的气息，自觉地对个人的行为与思想进行自我约束。校园文化是高校师生的共同追求，体现着一所高校的整体价值观念与奋斗目标，这与校史教育的本质是高度一致的，将校史的独特资源融入校园文化建设当中，是开展高校文化育人的创新途径，这也体现出了校史教育与高校文化育人不可分割的相互依存关系。

（二）校史教育是文化育人的重要途径

校史教育能够通过爱国主义教育来提升师生的精神境界。高校的校史档案中记载了一代代教育工作者为了发展和振兴民族教育事业呕心沥血的拼搏过程，集中体现了老一代教育家的爱国主义情怀与对中国教育事业作出的巨大贡献，这些内容是爱国主义教育的好范本与例证。校史教育是树立高校师生正确价值观念与理想情操的极好材料，校史中保存的大量的学者资料能够使在校师生在阅读参考的过程中，深刻地体会到个人的成长与国家建设之间不可分割的联系，促使广大师生积极思考怎样将个人的拼搏奋斗与国家和民族的命运结合起来，从而使思想政治素养在这一过程中得到有效的提升。

校史教育能够在陶冶高尚情操方面发挥积极的作用。校史资源中珍藏的能够体现高校教育事业发展的相关史料与典籍，也包括名人学者的手稿、来访照片、书法题词及外国友人所赠的珍贵礼品等，这些宝贵的档案资料不但能够净化师生的心灵，还能够升华师生的人格情操，使之开阔眼界，受到高尚情感的熏陶与洗礼。

同时，由于大学生正处于身心成长的关键时期，在学业和就业压力的双重负担之下，大学生还要面临向社会过渡的角色转换等多种现实情况，因此会出现不同程度的心理问题。由于在较长一段时间内处于思维迷茫的时期，大学生可能在思维与行为上体现出一定的盲目性。怎样引领大学生走出思想困境，冲破困惑，树立正确、健康、积极的世界观、人生观、价值观，是高校文化育人工作者的重要任务。许多新生对大学的认识和理解是在老师的引导与帮助下确立的，老师早一点给予指导和帮助，学生就会早受益，早一点摆脱迷茫的状态。大学生的价值观念需要良好文化的熏陶和滋养。而高校的校史教育作为文化教育的一个全新的途径，用校史中前辈们的先进事迹与优秀人才的心路历程和悲壮动人的故事来感染大学生，从而促进大学生良好道德情操的形成。

校史教育能够有效地促进理想信念教育。习近平总书记指出："理想信念动摇是最危险的动摇，理想信念滑坡是最危险的滑坡。"基础不牢，地动山摇。理想信念就是世界观、人生观、

图1-5 郭沫若先生题写的校名（1959年5月）（图片为影印件）

价值观的基础，就是文化育人的根本，是关系到社会主义后继有人的重大根本问题。事实上，通过激励，在某种内部或外部刺激的影响下，使人始终维持在一个兴奋状态，激励的水平越高，完成目标的努力程度和满足感也越强，所取得的工作效能也越高。[①]要想运用激励的方法来实现大学生的理想信念教育，则仍有必要借助校史的独特教育优势。校史中拥有丰富的集体主义、爱国主义及社会主义教育素材，这些素材具有一定的原生性与直观性，对广大师生来说具有较强的感染力和说服力。

① 王重鸣.管理心理学[M].北京:人民教育出版社,2001:211.

一方面，高校可以运用校史中的荣誉档案来开展理想信念教育。荣誉档案主要包括高校在办学过程中所取得的业绩和全体教职工的精神面貌，将这一部分档案充分地利用起来，能够使

图1-6 川外排舞队荣获UCWDC世界排舞锦标赛冠军（2017年1月，美国）

教育素材发挥较强的激励作用，使全体师生感受到本校浓厚的文化氛围，从中得到精神上的鼓舞，不断地提升自身作为学校一分子的荣誉感与自豪感，从而进行自我激励。另一方面，高校还可以利用名人"品牌"举办校友业绩展览与名人档案展览等，比如利用校友中的名人志士为师生树立一个具体的可模仿和超越的榜样，定期举办展览，展现学校不同历史时期的优秀人物的艰苦奋斗历程，体现学校开拓创新、严

谨治学、赤诚为国奉献的高尚品格与敬业精神，从而激励师生努力工作和学习，自觉提高自身的思想品德修养。

（三）校史文化是高校文化育人的重要组成部分

校史是传播高校历史文化的重要媒介，通过这个媒介，学生能够追忆高校的辉煌过去，更能够参考当前的现实，对未来个人的人生规划进行深刻的思考。校史是较为权威的传承媒介，从文化传播角度来说，文化传播的过程事实上是文化信息交流与传递的动态过程。信息传递与其所承载的媒介有多种，包括示范传递、口头传递、文物传递、书籍传递和档案传递等等。其中，档案传递的信息最具真实性与权威性，高校的校史档案在大学生群体中也更具说服力和感染力。示范传递、口头传递和书籍传递在进行文化传播的过程中会存在不同程度的误差，文物传递则因探究与考证过程的周期性较长而缺乏一定的及时性。只有校史档案信息传递具有直接性、原始性、持续性和无可争辩性，同时校史档案更贴近校园的文化氛围，能够最为直接地为文化育人营造良好的环境。校史档案能够对高校文化进行持续性的记载，不仅能展现过去、服务现实，更能对师生品德的未来发展发挥作用。

当前，我国各高校都在积极开展校园文化建设，作为校园文化的重要组成部分和来源，高校校史在营造文化环

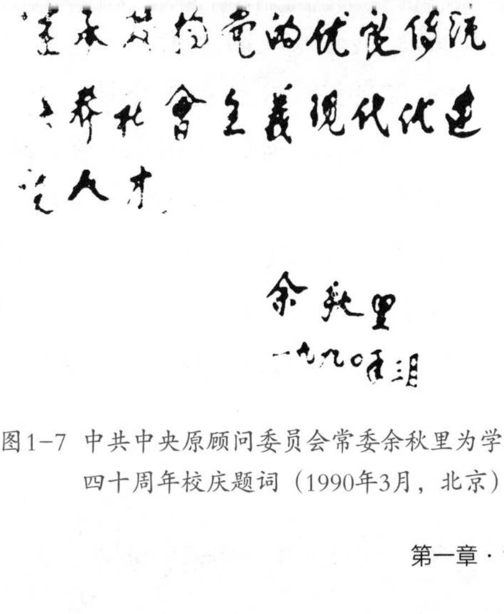

图1-7 中共中央原顾问委员会常委余秋里为学校四十周年校庆题词（1990年3月，北京）

境方面有着不可替代的优越性。比如高校的档案馆和校史馆，是高校档案的存储基地，经过高校整合和归类的校史文化信息内容涉及广泛，包括师生生活、学习与科研的方方面面，无一不与文化有着千丝万缕的内在联系。文化传播也分为纵向传播与横向传播。从纵向传播来说，校史档案信息是对历史的传承，通过声音、图像及文字等形式来承载历史，使师生能够在参与校园文化建设的过程中汲取校史中的丰富经验与教训。从横向传播来说，高校对校史资源的进一步开发，能够为校园的整体文化环境奠定良好的基础，可以使高校的定位更加准确、特点更为鲜明。高校校史本身具有一定的文化性，其在文化内容方面种类齐全，具有较高的科技含量，其中论文、专著及科研产品等都是校园文化的有形存在，不仅能够启迪师生的智慧，还能够在营造校园文化环境的过程中提高文化育人实效性。

高校是区域文明与文化发展的标志，对当地与社会的整体文化发展发挥了重要的导向作用。对高校的文化环境营造来说，校史能够有效地反映不同时期高校校园文化发展的情况，具有极高的文化开发价值。高校作为培养人才的摇篮，不仅是科学文化的聚集地，也是诸多名人、专家、学者的"始发站"，他们所留下的珍贵足迹对师生来说都是一种难能可贵的熏陶。校史中的每一个典故、每一个可供观赏的人文景观都成为校园文化的重要组成部分，发挥出了高校人文资源的学术意义与文化养成作用，校史资源的潜移默化作用有利于改变高校的文化气质与文化环境，提高师生的综合素质。

二、校史对文化育人的重要价值

（一）有利于提升大学生的政治人文素养

习近平总书记强调："培养什么人、怎样培养人、为谁培养人是教育的根本问题，也是建设教育强国的核心课题。"正确认识和切实解决好这个问题，事关党和国家的长治久安，事关中华民族的前途命运。中国大学生的思想政治状况、道德品质、科学文化素养和健康素养如何，不仅直接关系到现阶段中华民族的素养，而且直接关系到未来中华民族的素养。特别是大学生的思想政治素养如何，更直接关系到党和国家的前途命运。由此可见，大学生的思想政治素养是由多方面内容构成的，提升大学生的思想政治素养无论在任何时期，都是高校思想政治教育者的重要使命，也是实现大学生与高校身心结合的重要途径。

人文素养教育是文化育人的重要组成部分。校史资源作为传承大学精神的重要载体，能够充分展现高校的人文精神。高校在发展过程中，逐步形成了自身独特的传统风格、价值判断与理想追求，铸就了坚实的大学精神，积淀了丰厚的人文底蕴，培育了先进的教风与学风，更凝练了科学的校风与校训。这些丰富的人文素养教育内容都能在潜移默化中影响大学生。高校充分利用校史资源中的精神财富和优良传统，加强对大学生的人文素养教育，能够有效提升大学生的思想政治素养，同时可以弘扬优良传统、彰显学校精神、传承人文薪火，成为大学生宝贵的精神食粮和重要滋养，哺育他们自主发展、健康成长。

（二）有利于激发大学生的爱国情感

高校的发展历程本身是社会整体发展历程的缩影，高校的历史往往反映了社会不同历史时期的基本国情与社情。纵观我国高等教育的发展历史，无论高校办学历史是否悠久，都经历了从传统向现代化发展的过程，高校历史中的点点滴滴都与民族的荣辱、国家的兴衰息息相关。校史清晰地反映出我国民族振兴、国家发展和社会进步的伟大进程。校史也反映出我国高等教育事业的迅速发展，特别是一些历史名校在经历不同社会时期的洗礼后依然屹立不倒，其艰难的育人过程与充满生机的发展现状，都能够折射出大学生的爱国情感，同时也是大学生对所处高校产生强烈心灵归属感的动因之一。因此，校史的一个重要价值就是有利于激发大学生的爱国情感，并在此基础上实现大学生爱国情怀与校园情结的有机统一。

高校在进行文化育人活动时，不仅可以超越时空限制将教育的内容和信息传播开来，而且能够将活生生的事物呈现在大家面前，让大学生确认这种思想的真实性、确认教育内容的真实性，从而提高大学生受教育的真实感。教育工作者通过提取校史中爱国主义教育素材，将这些素材作为最佳的文化育人素材，对师生进行革命传统与爱国主义教育，使之能够深刻地感受到个人的命运与高校的命运、国家民族的命运是息息相关的，促使师生深刻地感受到当前和平时代幸福生活的来之不易，感受到改革开放的巨大成就，从而激发师生的爱国情怀。

（三）有利于增强大学生的社会责任意识

社会责任意识是一种道德情感，是人们在一定的社会关系中对自身的地位、任务的认识，是个人的社会活动与他应履行的义务相适应，也是人们在履行自己的应尽义务过程中产生的内心体验和情感。培养大学生的社会责任意识是高校教育的重要任务之一。

校史不但能够对高校的发展现状与历史沿革进行清晰的描绘，还能够反映历代学者推动高校向前不断迈进的典型事迹与奋斗历程。通过对校史的了解，大学生能够发现前辈们教书育人和潜心科研所取得的重要成就、对社会作出了怎样的贡献，使大学生意识到自身与历代学者一样对社会所要尽到的责任，促使大学生不断地认可、赞同和崇尚高校自身践行社会责任的诸多成绩，形成对校史和高校的认同感与归属感，从而不断地提升自身的社会责任意识。早在1972年，联合国教科文组织在《学会生存——教育世界的今天和明天》中就确定了教育发展的重要方向之一是培养个体的社会责任意识，1998年10月该组织在巴黎召开的首次世界高等教育大会上更加明确地指出，高等教育首先要"培养高素质的毕业生和负责任的公民"[1]。因此，在文化育人过程中，教育工作者充分地运用丰富的校史资源能够有效地提升大学生的社会责任意识，使大学生能够以先辈、师长和校友为榜样，树立远大的人生目标，提高自身奉献社会、服务社会的觉悟，强化自身的责任感与使命感，自觉为实现国家富强、民族兴盛、人民幸福、社会发展而努力学习。

[1] 李志，李慧勤，刘欣颖.关于世界一流大学共同特征的研究 [J].中国校外教育,2010（10）: 13，44.

（四）有利于培养大学生的意志品质

2017年8月15日，习近平总书记给第三届中国"互联网+"

大学生创新创业大赛"青年红色筑梦之旅"的大学生的回信中指出,"希望你们扎根中国大地了解国情民情,在创新创业中增长智慧才干,在艰苦奋斗中锤炼意志品质,在亿万人民为实现中国梦而进行的伟大奋斗中实现人生价值,用青春书写无愧于时代、无愧于历史的华彩篇章"。

顽强拼搏的坚强意志是支撑中华民族不断向前迈进的重要动力,中华文化的发展历史是人民群众坚强意志品质形成的历史,是历代人民群众生生不息、团结奋进的历史。高校的校史中包含了丰富的民族文化教育资源,珍贵的档案资料中到处可寻人民群众对社会发展所作出的巨大贡献。教育工作者充分地运用这笔宝贵的文化财富,能够有效地培养大学生坚强的意志品质。校史资料再现了高校不畏艰辛、百折不挠、自强不息的办学历程,体现出了高校在全新时期特殊的教育背景下抢抓机遇、奋勇拼搏、攻坚克难、艰苦创业的发展现状,更展现了师生们顽强拼搏、刻苦钻研、奋发向上、追求卓越的心路历程。这些文化是绝佳的精神财富,不仅能够培养大学生的意志品质,还能够锻炼大学生坚强的心理素质,使之拥有不断努力的强大动力。

三、校史在文化育人中的独特优势

运用校史资源开展文化育人工作有着重要的资源优势,同时也符合认知规律、教育规律,促进大学生对高校办学思想和管理方法的认同,更加适应时代的要求,对大学生的心理特征也能进行较为准确的把握。由于校史更加贴近大学生的日常学习与生活,容易激发大学生对高校的自豪感与认同感,因此校史在文化育人中有着独特的优势。

(一）符合认知规律

人的思想观念的形成需要一个长期的发展过程。通常来说，人的情感要从对身边人的情感逐步过渡到对学校、社会乃至国家的情感中来，这种从陌生到熟悉再到认同与归属的过程是一般人的情感认知规律。教育工作者充分利用校史开展文化育人工作就是基于情感归依的促进作用，从人的基本情感认知规律出发而进行的一种本质性教育。教育工作者从大学生的基础情感抓起，引导大学生进一步了解学校的辉煌成就与发展历程、了解前辈师生的骄人成绩和动人事例，使大学生增强对高校校史的兴趣，强化对高校的热爱之情，对高校产生强烈的归属感，从而更好地促使大学生热爱学校、热爱学习。

教育工作者应将校史教育与大学生的学习和生活中的细节有机地统一起来，用校史资源来教育、感染、熏陶他们，使大学生潜意识中那种质朴的基础情感被调动起来，从而对他们的意志、认识、感知与行为的形成发展产生深刻而久远的影响。这种思想政治教育是一种高层次的情感教育，在这个情感基础上逐步树立起来的民族自豪感、自信心和国家归属感、责任感，将会更加自觉、稳固而持久。

(二）符合教育规律

环境对人的品德的形成有着至关重要的熏陶作用。在整体环境的影响下，人通过自身的实践活动，会不断对社会道德现象、道德榜样与道德规范认同并转化为行为。在成长过程中，大学生会在潜意识里对和自己学习与生活相关的人和事物产生较强烈的兴趣，并对自己成长的环境产生一定的依赖性和深厚的情感归属。

图1-8 学校老师给留学生上课（2004年，川外）

高校是大学生学习与生活的重要场所，而校史资源则涵盖了大学生活的方方面面。校史资源中包含的高校历史、丰富的文化内容、具体而鲜活的历史人物都能对文化育人产生直接的重要影响。这种影响主要来自对教育规律的把握。校史教育能够有效地营造与大学生息息相关的人文环境，为文化育人提供良好的精神家园与肥沃的土壤。校史教育利用大学生与校园亲密接触的优势，用真实的高校史料对大学生开展思想政治教育，让大学生感受到校史的真实性和实用性，从而引起大学生与高校成长的心灵共鸣，进一步激发大学生的学习热情，使大学生自觉地思考自身对家庭、个人、社会及国家和民族的责任，从而不断提高自身的行为品质。

（三）符合学生心理

从心理学角度来说，人对外界事物的态度往往会受到类化现象的影响，即在群体环境的影响下，人会放弃个人的行为和建议而选择与群体中

图1-9 黄瀛教授（右二）指导年轻教师

的大多数人保持行为的一致性。这种心理现象在社会生活中普遍存在，并时刻对人的行为产生影响。

从学生心理角度出发，教育工作者要想做好育人工作，必须使大学生在价值观相对稳定的大学校园中形成与高校主流价值观趋同的价值心理。当前，我国高校的大学生的价值观念更加多元化，但无论理想抱负、价值观念，还是行为方式、处事态度，仍然会受到群体中他人的影响。这种影响来自实际存在或想象存在的群体压力，不具有直接的强制性或威胁性，更易为大学生心平气和地接受。教育工作者有效地利用校史资源中杰出人物的典型事迹，能够对大学生进行良好的心理疏导与教育，符合大学生的心理规律和心理需求，能够在大学校园中形成一种群体效应，使大学生在这种整体积极向上的氛围中受到良好的正面影响，从而不断地进行自我行为调整，形成良好的行为和高尚的追求。

（四）符合时代要求

新时代，大学生的思想政治教育正面临着全新的挑战，而文化育人的时代重点则是加强爱国主义教育，培育和弘扬民族精神，这是时代的呼唤，也是始终保持我国青年群体较高思想政治素养的必然要求。校史资源是高校传承大学精神的重要平台，是促使大学生对高校形成高度认同感与归属感的重要途径，同时也是凝聚不同时代历史发展的经典缩影。高校的校史资源有着丰富而高质量的爱国主义教育内容，是新时代开展文化育人工作不可多得的宝贵资源。

教育工作者利用校史资源开展文化育人工作，不但能够传承与弘扬中华民族的先进文化与民族精神，还能够培养大学生的民族文化心理，促使大学生的爱国热情更加饱满，引导大学生将个人的理想、目标与国家和民族的命运有机地结合起来。从这一点来看，校史教育辅助文化育人，能够紧扣高校文化育人的主旋律，更符合时代的要求。

推进新时代校史育人、以文化人
要在传承中创新

任何一所高校，无论办学时间长短、所经历的时期是否特殊，都存在着属于自己的动人故事与重要成就。因此，高校要广泛开辟校史教育的途径，加强校史资源的管理，使校史资源更好地服务于高校的运行与文化育人工作，进一步深入挖掘育人元素，创新教育方式方法和手段，在坚持中求变，在传承中创新，不断提高校史育人以文化人的时代性、针对性和实效性。

一、加强校史育人的理论建设

（一）加强档案法制教育，全面收集校史资料

加强校史教育，前提是加强校史档案收集和对档案资料本身的研究。对校史的编研来说，丰富的校史资料是至关重要的。拥有了大量的校史资料就能够为校史研究项目的顺利进行提供必要的资料保障。近些年来，我国高校的校史收集工作有了较大的进展，各个高校的校史馆与档案馆均能够为校史教材的编写提供丰富、准确而翔实的高价值信息。

《中华人民共和国档案法》中明确规定："应当归档的材

料，按照国家有关规定定期向本单位档案机构或者档案工作人员移交，集中管理，任何个人不得拒绝归档或者据为己有。"从这一点来看，我国高校的档案资料的收集得到了法律的支持，能够找到相应的法律依据，并在法律的约束下进行校史项目的研究。然而，对文化育人来说，校史收集难，收集工作面不宽不广，也是制约校史教育在文化育人中发挥作用的重要因素。因此，在知识经济时代，高校校史工作者必须依法大力丰富馆藏，有意识地在文化育人中结合校史资源，进一步拓宽校史信息的收集途径，有针对性地将那些有益于文化育人的相关内容整理到校史材料中来。凡是能为文化育人所用的、有益于校史文化传播的内容要多多汲取，进一步丰富教材编研的品种，为文化育人创造更好的校史资料条件。

（二）加强校史教育教材编写，丰富文化育人资源种类

全面、准确、权威的校史是开展校史教育的重要资源。因此，高校要加强校史教育教材的编写，在教材编写方面要从当前文化育人的现实情况着眼，讲究针对性，要能够有效地针对传统文化育人存在的不足，更为看重校史教育教材编写的实用价值。同时，在知识经济环境下，高校校史教育教材的编写要更具知识性与信息的集散性，要能够体现知识经济时代的科技含量。校史教育教材要有意识地为高校的思想政治教育服务，同时还要能够对社会学科、社会经济等多项社会建设事业提供有益的帮助，积极地为社会创造更多的知识财富。校史教育教材的编写人员要对高校校史有一个清醒、正确的认识，准确把握校史的特点与脉络，要坚持自编为主、合编他编为辅的编写形式。

事实上，运用哪一种编写形式，对做好校史教育教材编

图1-10 川外奠基人之一、老书记王丙申为川外写的校史资料

写工作来说十分关键。大量校史教育教材编写实践表明，利用校史馆、档案馆对校史资料的收藏优势，能够有效地了解文化育人的需要，能够对以往的文化育人与当前的教育进行对比，查漏补缺，进一步把握当前高校文化育人的实际需要，是一种非常高效且直接的编写形式。校史教育教材的编写人员要发挥自身的专业优势，在收集校史资料的基础上，按照文化育人的相应选题，对校史资料进行必要的考证与加工编排，掌握相应的编纂方法和技术。特别是在以计算机为支撑的网络时代，校史教育教材的编写人员要充分利用现代化的信息手段，进一步提高校史教育教材编写的实效性。如此一来，不仅能够锻炼和提升校史教育教材编写人员的理论知识水平，还能够增强其对文化育人的情感，使教师更熟悉校史资料的方方面面，从而在思想政治教育中更好地融入校史教育。

（三）川外在校史研究领域成果丰富

川外诞生于1950年，初创时的川外，教师、学生、校名、校址等都处在不断的变化之中。正是这些变化，给学校的早期历史研究带来了很大的困难。但是，一直以来，学校都高度重视对校史资料的挖掘整理。

图1-11 院史编写组编写的川外校史资料

1984年1月4日，为收集校史资料编写校史，四川外语学院院史编写组成立。编写组成员有华盘铭、李馨亭、张自强、李俊仁、王忠海、赵若虚六人，王丙申任顾问。当年8月，教育部发出《关于编写校史的通知》，要求所有"文化大革命"以前建立的高等院校着手组织力量编写校史。于是，建校时间较长的高校纷纷成立了校史编辑室，组织人员开展校史的编写与研究工作。学校的校史编写工作比国家要求启动的时间早了半年多。院史编写组成立后，从3月中旬到5月初，以王丙申顾问为首的四人小组走访了武汉、长沙、上海、南京、北京、郑州、西安等地校友，受到校友们的热烈欢迎。9月，根据教育部的通知，学校任命华盘铭为院史编辑室主编、张自强为副主编，川外校史编写工作正式拉开序幕。

1985年2月完成《四川外语学院纪事》（讨论稿），经过讨论修改，形成《四川外语学院纪事》（初稿），又经过广泛征求意见，几经修改，最后于1986年11月定稿，形成学校历史上第一份完整的校史大事记——《四川外语学院纪事》（1950—1985.5）。它按照编年体编写，依年月简记三十五年里以教学、科研为中心的各方面较重要的事件，较全面地反映学校的历史风貌。在此基础上，1983年3月，《四川外语学院校史稿》出版，这是学校历史上第一份以"校史"命名的校史，为后来的

图1-12 二野军大校史研究会（重庆）第一次代表大会全体校友合影（1987年7月，重庆）

校史编写工作打下了坚实的基础。

1987年7月30日，二野军大首次校史研究会在学校举行，来自北京、贵州、湖南、安徽和四川各地共160余位代表出席了会议。中华人民共和国国防科学技术工业委员会原副主任兼国防科技大学原校长张衍专程从北京赶来参加会议，并发表重要讲话。重庆市委原副书记陈宽金，时任中国人民解放军第十二集团军、重庆警备区和解放军通信工程学院等单位领导到会祝贺。后来，二野军大校史研究会汇编《革命熔炉》，出版会刊《革命熔炉》40期40册，以及大型纪念文集《二野军大人》等。这些研究资料成为校史研究的重要史料，进一步弥补了学校创办初期史料不全的遗憾。

图1-13《二野军大人》刊物封面

2008年，为了迎接建校六十

周年，学校决定修订校史。11月7日，时任学校党委书记马新发主持召开校史编委会第一次会议，成立了以王丙申老书记、群懿老院长为顾问，马新发书记、李克勇院长为主任的校史编委会，会议明确了编委会成员的职责和分工，制定了校史编写的提纲及实施方案。校史编委会先后召开了四次会议，重点检查编写工作进度，研究决定编写工作中的重大问题。在这次编写中，编委会成员以"存史、资政、育人、研究、交流"为宗旨，以《关于建国以来党的若干历史问题的决议》等重要文件和党的教育方针政策及教育法规为准绳，在"尊重历史、评价有度、纵不断线、大事不漏"的前提下，坚持"以事实为主，以史为线；以叙述为主，以提炼为辅；以重要工作和重大事件为主彰显外语特色"的原则，正确总结办学正反两方面经验，探索外语高等教育教学规律，努力实现学校在新的历史起点上科学发展。

初稿形成后，王丙申老书记和群懿老院长及时提出了宝贵建议，使校史在结构上更趋合理、在质量上更有保障。同时，学校分别召开离退休老同志代表、各单位主要负责人专题座谈会，广泛听取和搜集意见与建议，在全校范围内进一步征求新老校领导、民主党派主委各单位主要负责人及校史编写人员的意见与建议，送请时任学校党委书记马新发审定。对需采纳的意见与建议，编委会成员进一步对校史进行补充和深入加工，于2010年2月22日形成送审稿，交付重庆出版社正式出版。在四川外语学院建校六十周年之际，《四川外语学院校史（1950~2010）》正式出版问世。这部校史记录和反映了学校60年的发展历程和重要事件，由于时间跨度大，学校五迁校址，校史资料缺失，因此搜集到的资料不够全面，存在一些不足，也在所难免。

2020年，四川外国语大学迎来建校七十周年，70年的发展使学校发生了翻天覆地的变化。为继承传统、以史为鉴、激励后人，学校决定续修校史。

图1-14 建校七十周年校史编写工作人员合影（2020年）

2019年6月26日，根据学校校长办公会议续修校史的决定，召开了校史编委会全体成员会议，校长李克勇主持会议。会议就续修校史的工作机构、方案、原则、时间安排等一系列问题进行了充分讨论，并取得一致意见，形成了续编修订四川外国语大学校史工作方案。2019年7月6日，学校召开了校史编辑部全体编辑会议，会议就续修校史工作的具体任务、写作风格、栏目设计、写作提纲、时间安排等进行了充分讨论，并取得一致意见。编委会先后召开了全校各部门、各院系主要负责人会议和部分老同志座谈会，并通过各种渠道收集广大校友对校史稿的意见，采纳了"口述校史"项目所采集到的部分史料，最终形成了11章近100万字的《四川外国语大学校史（1950-2020）》，并于校庆七十周年之际向社会和全体师生、校友发布。这是校史研究宣传的最新成果，也是校史教育的重要依据。

图1-15 《记忆川外：口
述校史》（第一
辑）封面

图1-16 《四川外国语大学
校史（1950-2020）》
封面

同时，学校组织各方力量编写了多种多本校史书籍。王
丙申老书记撰写了三本校史书籍：《兴学创业四十年》《激情
似火的岁月》和《鸿春豪情》。学校还组织编写了《川外·川
外人》系列图书。

图1-17 《川外·川外人》第1—3辑封面

（四）与时俱进推进校风校训等学校精神内涵建设

校风是一个学校各种风气的总和，是在校内外极具影响并被普遍认可的思想和行为风尚。建校七十周年到来前夕，学校经过慎重思考，把原校训"团结、勤奋、严谨、求实"确定为校风表述语，体现了学校初心不改，传承和发扬学校长期办学过程中形成的优良传统与作风的初衷，同时把学校校训表述为"海纳百川　学贯中外"。

图1-18 川外校风

这一校风，既源自西南军政大学，也深受歌乐山这片红色土地的浸染。这是共性与个性兼备，是过去、现在、未来都必须坚持和发展的宝贵精神财富。学校把这一表述语明确为校风表述语，升华了学校"双红基因"的层级，实至名归。

团结，为成事之要义。它意味着目标的凝聚，意味着群体的协作，意味着和谐与友爱。"进了川外门，就是川外人""一生川外人，一世川外情""开川外门，见山外山"就是其真实写照。

勤奋，为成功之基础。它意味着我们一旦认准目标，就锲而不舍、不断创新、孜孜以求、奋斗不止。它意味着我们要艰苦朴素、不畏艰难困苦。它意味着我们追逐星辰大海，务必要日夜兼程。川外的教职工要敬业勤俭，川外的学子要好学奋进，川外的校友要奋勇攀登。

严谨，为治学之态度。它意味着教风要严谨、学风要严谨、工作作风也要严谨。严谨就是要求师生治学求知要严肃谨慎、严密周到。

求实,为做人之准绳。实践之要在求真务实、去伪存真、实事求是。勇于追求真理、敢于修正错误、善于在历史进程中不断完善和发展自己是我们不变的秉性。它意味着我们要读万卷书、行万里路,在读书与思索中求得真知。它意味着川外师生为人做事,要心系国家,要关注现实,要服务社会。

"团结、勤奋、严谨、求实"的校风,蕴含着从军大一路走来的川外人有团结协作的优良传统、有勤奋刻苦的求学之志、有一丝不苟的治学态度、有求真务实的科学精神。

校训是一种训示和诫勉,是广大师生共同遵守的基本行为准则与道德规范,是学校办学理念、治校方针的反映,也是学校人才培养的价值取向。校训是一所学校师生员工德行和才学的集中表现,是大学文化建设的核心内容。

学校在建校七十周年之际,明确学校校训为:"海纳百川 学贯中外。""海纳百川"是川外人"德与行"的追求;"学贯中外"是川外人"才与学"的目标。这一校训凝聚着学校对立德树人的价值引领与精神追求。

海纳百川。它意味着我们有崇高的德行和追求、有兼容并蓄的境界和大气。它源自《老子》,"江海所以为百谷王者,以其善下之"。上善若水,"水利

图1-19 杨洁篪为学校六十周年校庆题词(2010年,北京)

万物而不争……故天下莫能与之争"。水往低处流，百川汇聚成海。水滋润着大地，厚德而载物。"子在川上曰：'逝者如斯夫，不舍昼夜'。"它意味着我们要知晓变化，不断革新自己。这是一种多元并存的格局、兼收并蓄的胸怀、开放包容的气度，也是一种做人、做事、做学问的态度。

学贯中外。源自学贯中西，改"西"为"外"，体现了外国语大学的办学特色，无论是地理层面还是文化层面都具有更好的拓展性。苏格拉底说："我与世界相遇，我自与世界相蚀，我自不辱使命，使我与众生相聚。"它要求师生要有融通中外文明成果的胸襟和理想。它要求我们在学习、教学、科研等方面要具有"中国情怀、国际视野"，要以中国风格和中国立场，充分运用外语这一桥梁和纽带，沟通中外，联通世界，共同为建设人类命运共同体而努力奋斗。

这一校训守正创新，与学校建设高水平外国语大学和建设百年名校的目标相衔接，体现学校办学定位与特色，体现学校的精神境界与价值追求，符合学校发展历史、现状和未来的要求。这一校训义辞典雅、言简意赅，具有独特的川外标识，强调了学校立足中国大地办教育，重在立德树人的宣示与诫勉，具有良好的教化和鼓舞人心的功效。这一校训必将与学校的优良校风一起，共同成为学校在新时代重整行装再出发的强劲动力和精神引领。

二、注重校史育人的制度建设

(一) 成立校史编研机构，明确编研职责

1984年9月，根据教育部的有关通知精神，学校任命华盘铭为院史编辑室主编、张自强为副主编。川外校史编辑研究

机构正式成立。院史编辑室挂靠学校办公室。2016年5月，学校综合档案室更名为档案馆，校史年鉴编写工作划归档案馆。2017年4月，经学校研究决定，档案馆下设校史编研科。校史编研科负责全校校史、年鉴资料的收集和审核工作；负责全校校史、年鉴材料的撰写的指导和培训；按时完成每年年鉴编印任务；完成校史档案的宣传、校史文化传承等研究工作，完成学校教育年鉴的上报工作。学校校史编研工作进一步制度化、规范化和科学化，在增补年鉴、撰写校史、校史育人等方面做了大量工作。比如：制作校史教育宣传片《赓续精神血脉，汲取奋进力量——四川外国语大学档案馆献礼建党100周年》视频；情景展现从人民军队中走来的四川外国语大学的丰厚办学积淀和不懈奋斗的精神；不定期开展校史校情校训专题讲座，结合展示珍贵的历史图片等馆藏档案资料，分别从学校的历史沿革、校训、办学宗旨、校情等维度图文并茂地阐释了学校改革发展、奋发图强的办学历程，引导学生树立对学校的认同感与荣誉感，培育学生志存高远、勤奋学习、感恩报校的精神。

图1-20《赓续精神血脉，汲取奋进力量——四川外国语大学档案馆献礼建党100周年》视频截图

（二）成立校友工作机构，开展校友联谊工作

重庆四川外语学院校友会成立于1985年5月，是全国较早成立校友会的高校。2002年2月26日经重庆市民政局渝民

社〔2002〕30号文批准同意成立。经教育部批准（教发函〔2013〕79号），四川外语学院更名为四川外国语大学。2013年5月24日经重庆市教育委员会渝教办〔2013〕27号批复，同意重庆四川外语学院校友会更名为重庆四川外国语大学校友会。2013年6月20日经重庆市民政局渝民管〔2013〕156号批复，准予重庆四川外语学院校友会更名为重庆四川外国语大学校友会。截至2022年，重庆四川外国语大学校友会已设立地方校友分会26个，二级校友分会做到全覆盖。王丙申为首任名誉会长，王耀祖、刘祖德、齐铭盘、张云亭、张丕德、陈孟汀等为名誉理事，群懿为首任会长，卢开云、冯思刚、连池、周以行、侯国庆、龚和忠为副会长，张洪良为秘书长。首届常务理事会讨论确定的校友工作指导思想是联络感情，增进友谊，为当地经济建设和社会发展服务，为母校建设和发展作贡献。校友会先后编印了《校友通讯》《校友通讯录》，协助学校组织了四十周年校庆纪念活动和俄文团成立四十五周年座谈会，邀请马葆华、万成才、周化勋、刘仁康等校友返校为师生作报告，组织俄语系1966届毕业三十周年纪念会等活动，收到了积极效果。如校友胡光明为校史展览馆捐赠了周总理当年在北温泉会见部分师生时的珍贵留影，香港校友会全玉莉向母校捐赠了原版《大英百科全书》一套三十册。

图1-21 重庆四川外国语大学校友会庆祝四川外国语大学德国校友会成立的贺信

为了加强校友联系，发挥校友力量，2010年6月，学校成立了校友工作办公室，挂靠学校党政办公室，为副处级单位。2021年与校地合作处合署办公。自成立以来，校友工作办公室在加强校友联系方面，做了许多有益的工作。

首先，加强校友数据库及信息系统建设和校友联络平台建设。借助学校智慧校园的建设，四川外国语大学于2017年申购了集校友数据库、校友网站、手机端App等功能于一体的校友信息管理系统。截至2023年5月底，录入数据84705条，其中本科生67824人、研究生7243人、专科生1045人、成教生8593人。校友基础数据收集取得重大进展，并保持数据的持续更新。与此同时，校友工作办公室通过对川外校友App、校友会网站的建设，打造"三位一体"的格局，为进一步夯实拓宽校友联络渠道，打下坚实基础。校友工作办公室建立了四川外国语大学校友微信公众号、网站等载体，通过积极联络各地校友会，开辟《寻找校友》《校友之声》《川外人风采》等特色栏目，主要围绕母校动态、校友会活动、节日祝福等，推送新闻，获得了校友广泛好评。其次，加强校友联络，主动同国内外各校友分会联系，走访了北京、四

图1-22 著名学者刘小枫教授回母校作学术讲座（2019年4月，川外）

川、上海、浙江等地方校友分会，同时做好校友返校接待工作。最后，用好校友资源。开展"校友座谈会"系列，邀请校友代表回母校开展座谈会，大家围绕校企合作、校友分会建设等各抒己见，共话学校发展。开展"校友讲坛"系列。邀请校友回校举办讲座，与在校生分享自己的人生经历及创业经验，让在校生吸取学长学姐们的奋斗经验，学习他们勤奋学习的精神、勇于战胜艰苦的品德，让在校生受益匪浅。

学校还建立了四川外国语大学教育发展基金会，按照基金会章程开展项目，吸纳社会捐款，开展校友合作项目，为学校的发展献策、引智、筹资。

2022年6月18日，四川外国语大学重庆校友会第六届一次会员大会在学校隆重召开。会议全面总结了第五届理事会的工作成绩，选举产生了以廖洪海为会长的新一届理事会领导班子，郑重开启了校友会第六届发展的历史新征程。本次大会得到了全国高校在渝兄弟校友会的大力支持，现场二十余位校友会负责人到场祝贺，近三十个海内外校友会送上祝贺视频和贺信。

图1-23 川外重庆校友会换届大会、第六届一次会员大会（2022年6月，川外）

链接：川外人风采·陈斌：从川外学子到商界精英（链接来源：四川外国语大学校友之家微信公众号：SISU2878191558）

"天地者，万物之逆旅；光阴者，百代之过客。"

—— 陈斌

一朝川外人，终生川外情。作为川外人，陈斌校友对母校感情深厚。他曾说过，从本科、硕士到博士，就读的三所高校里，对他影响最大的是川外，在川外的记忆最珍贵难忘。他于2015年底加入川外四川校友会，百忙之余，他始终时刻关心母校发展，利用他的管理智慧与社会资源为母校发展谋福利。"川外的校友活动我参加得最多。母校每每取得成绩，我都发自内心地感到欣慰。"在他的影响与带领下，川外四川校友会明确了发展思路，完善了运作模式，校友接待、校友年会等常规活动稳步推进。

图1-24 陈斌，四川外国语大学日语系1979级校友，大陆希望集团联合创始人、总裁，中国侨商联合会副会长、"中国经济百名杰出人物"，改革开放30年四川省杰出企业家。川外四川校友会常务理事、常务副会长。

1979年9月，高考制度恢复的第三年，正值青春年华的陈斌换上崭新的衣服和鞋子，满怀期待地步入川外校园。

01 川外情怀

"想象中的川外是这样的：校园里所有人都只讲外文——

英文、日文……就连食堂阿姨也是讲英文的。教学楼很气派，上课的地方很舒适。入学后才发现，真正的川外跟想象中出入很大，大家讲外文不多，而且楼房还会漏水，寝室条件也不是很好……"谈到对川外的第一印象，陈斌边回忆边笑着说。

"现在学校的一切都大变样了：食堂的饭菜样式更多也更好吃了，寝室也翻新了。教学楼的设备更多了，随处都能看到和外教交流的学生。川外在不断地发展，变得比以前更好了。"

求学时期的生活是温馨浪漫的。女生胃口小，饭票用不完，同学之间互相帮助，有魅力的男生就会得到女生的"饭票支援"。男生在小铁路旁大声读书，只为给心仪的女生留下一个上进好学的好印象。

那个时候班上的同学苦练发音，相互比舌头练出泡没有，连同学之间的寒暄都变成了："你看我舌头起泡没有？你仔细看看。"

此外，川外的美食也令陈斌念念不忘，火锅、烈士墓小面……

他印象最深刻的是他的班主任——日语系王荣梅老师。

"那时她刚刚从四川大学毕业，与其说她是我们的老师，我们更愿意把她当作学姐。她非常细心，能够切身体会学生的细腻心思，不断纠正我们的发音。"

有一次晚会，同学们极力邀请她参加，但她委婉拒绝了。"多年后我得知，因为她知道如果她去了，我们便会放不开，所以她才一直没有答应。"

大学期间，陈斌还开启了他的诗人身份。

"千年古松当豪笔，万里长空作画卷。云梯筑就豪杰路，华山之巅为吾剑。"早在高中，陈斌就已经开始了诗歌创作，到了大学，更是成了校园里小有名气的诗人。

每月13块钱的生活费、"蹭"女同学的饭票、同学之间你追我赶刻苦学习的氛围……川外求学期间的点点滴滴如今都成了陈斌的青春记忆。

02 完善自我

陈斌的经历：从川外学子到商界精英，从当年负笈求学的青春少年到叱咤风云的行业领袖。

1983年，陈斌从川外日语系毕业，先从事翻译工作，后进入四川省外经委工作。这些工作让陈斌深深感到光有语言优势是不够的。

1987年，陈斌成功考取了四川大学世界经济专业硕士。研究生毕业后，因为过去出色的工作表现，陈斌重回四川省外经委工作。

几年间，因敢于承担责任的精神和出色的表现，刚刚30岁的陈斌便晋升为四川省国际经济贸易发展中心主任。

1996年，陈斌放弃一片光明的仕途，继续完善和提高自己，前往西南财经大学攻读经济专业博士。

与此同时，他参与了大陆希望集团的创立。

希望集团是中国最早的民营企业之一，曾被国家原工商总局和中国企业评估中心评为"中国民营企业500强第一名""中国民营企业技工贸总收入100强第一名""中国民营科技企业100强第一名"。

陈斌结合母校独特的教学背景，给学弟学妹们提了一些建议。

03 分享干货

陈斌鼓励学弟学妹们加强除外语外其他领域的学习，在发挥外语优势的同时，本土文化不能丢。

此外，陈斌对想要创业的大学生给出了明确的建议。

他说，大学是人生最好的学习时光，建议大家把更多的时间花在学习而非创业上。

当谈及何时适合创业时，他说："一个学生，在大学学到相应的本领，毕业后进入一个行业，在行业里深入发展几年，对所在行业有了一定程度的了解后，方才适合创业。"

陈斌也谈到就业方面的问题。

他指出，就业不应该仅仅以薪水为标准，更应该看重企业文化，企业文化能够决定员工的发展前景。

"虽已毕业多年，母校老师对我们的培养教育、关怀关心，同学之间的深厚友谊，学校食堂的饭菜，运动场上好朋友的身影，以及大礼堂、咖啡厅等，都给我留下了非常深刻的记忆，常常在梦中再见。"回忆起对母校的感情，陈斌感叹道："这种感情，如果要用一句话来形容的话，可以概括为'一朝川外人，终生川外情'！"

三、全方位拓展创新校史育人抓手

（一）推进校史教育进课堂

开设"校史文化""校史里的故事"等校史通识课或者在大学生思想政治理论课中融入校史教育单元，是推进校史教育进课堂的首要任务和重要渠道。校史课程的教学目标和任务是通过课堂这一最重要的学习渠道，比较系统和深入地介绍不同历史发展时期学校的教育理念与办学成就，使大学生切身地感受老一辈教育家、革命家与学者的教育思想和教育精神。校史课程教师可以运用生动的语言、丰富的校史内容及多种多样的教学途径来开展文化育人工作，使大学生领略前辈先贤的优秀品质，加深对学校的了解，建立对学校文化的认同感和对校园的心灵归属感。大学生在择校的过程中，出于对高校的向往而成为高校的一分子，因此大学生首先会对自己学校的历史文化有一定的兴趣，并且有进一步学习和了解的渴望。因此高校要积极利用校史资源的研究成果，通过科学设置校史课程的教学大纲、教学内容、教学形式和学分、学时等教学环节，满足大学生了解高校历史、学习校史精神的愿望和需求，使知校、爱校不再成为一句口说无凭的口号，而是为大学生真正地参与学校建设、感悟校史精神提供一个畅通的渠道。校史课程教师要在校史教育过程中充分运用照片、音像、影视、图文资料等形式开展教育工作，力求使校史教育达到生动活泼并具有较高吸引力的效果。这样一来就能够使学校的历史文化在校史教育中鲜活地再现，使大学生对校史中的名人志士和先进事迹产生深刻的记忆，促使大学生能够站在历史的高度与学校荣辱与共，潜移默化地接受校史文化的熏陶，从而不断地提升学校的育人成效。

任何理论教学要想转化为实际的教育成果都必须借助实践环节来实现。因此，校史教育课程要同步引入校史学习的实践环节。通过多种形式的校史实践活动，广大师生可以真正地参与到校史研究与校史文化的传播活动中来，根据亲身经历强化学习成果。高校要有意识地培养一批校史研究与教育的教师队伍，进一步提高校史研究的整体水平和层次。同

图1-25 学校第一届校史知识竞赛现场（2018年5月，川外）

时高校还要积极鼓励大学生建立校史学习社团，充分调动大
学生参与校史研究的热情，要为大学生的校史实践活动提供
必要的人力和物力的支持，使校史馆进一步向全体学生开放。
此外高校还要邀请校史中的先进人物回校开展个人讲座与访
谈活动，为大学生创造与校史中先进人物近距离接触的机会。
高校还可以在校园网开设校史论坛，用专门的校史板块不断
更新校史内容，让大学生轻松点击即可获取更多的校史知识。
高校要积极利用建校周年等重要纪念日，如以校庆为契机带
领大学生组织开展校史教育活动周，让大学生带着校史知识
与对校史的研究热情走出校园，将高校的校史文化进一步传
递到社会，使大学生在这一过程中加强对校史的了解，增强
对校史的认同感与自豪感。高校还可以通过举办校史知识讲
座、校史（校情）知识竞赛、创办学生研究刊物等，进一步
丰富校史实践活动的开展形式，使学校的优良校史文化得到

图1-26 学校教师"校史校情校训"专题讲座（2019年4月，川外）

广泛传播，使师生在传播中受到感染。

高校要加强校史课程和校史教育的队伍建设。首先，高校校史研究团队要提高认识，除在工作中要强化服务意识，为校内外提供校史服务外，更要不断深入挖掘校史的历史文化价值和教育价值，做好服务者与研究者两种身份的统一。其次，高校在选任校史研究团队时，要秉持不同知识结构人才互补的原则，既要注重专业与学历，也要选拔综合素质较高的人才参与校史文化的建设、研究与宣传工作。最后，高校校史研究团队应与校内其他部门形成一个良好的合作机制，优势互补，充分发挥校史文化在学生思想政治教育、职业道德教育、爱校荣校教育过程中的作用。

（二）建好用好校史馆

校史馆既是高校的重要组成部分，也是高校人文景观的一个重要的亮点。校史馆中大量的校史资料记录了高校发展历程的整体面貌，是鲜活的高校历史教科书。校史馆中收藏着高校在教育教学方面的工作经验与总结，是高校传统文化精神和办学特色的集中表现，有着极强的时代内涵与鲜明的历史特征。因此，高校的领导者要能够从现代化大学建设的角度出发，建立科学的校史馆应用、开发与管理机制，从而使校史资源更好地作用到文化育人中。比如复旦大学校史馆开馆至今已有十余年，馆内展有千余幅图片，近四百件实物及影像资料，立体呈现了复旦大学百余年的发展历程、办学成就及学校特色。近年来，参观人数年均在12万人次以上，参观总人数已超过100万人次。目前，复旦大学校史馆已成为学校重要的地标之一，被评为市、区两级爱国主义教育基地。

从外观上看，校史馆的建筑风格能够反映出高校在艺术文化方面的品位，能够使广大师生感受到高校历史的厚重感。从整体设计角度来说，古今融合的科学设计能够使校史馆具有更加动人的色彩，能够用更为立体的视觉和更为便捷的服务来为高校的文化育人提供便利。校史馆无疑为高校文化创造了一个全新的空间，丰富了教育的方式方法，因此成为我国许多高校在校园建设过程中的重要对象。

从内容上看，校史馆将图片、文字、视频等多种高校史料展现出来，使学校走过的光辉足迹再一次为世人所了解，特别是一代又一代优秀教育学家严谨治学、追求真理、献身科学的精神，都能对大学生的成长起到重要的鞭策作用。校史馆不仅是对外合作交流的平台，也是宣传高校校园文化的窗口。

图1-27 时任中共重庆市委副书记吴存荣到学校校史馆参观（2021年10月，川外）

图1-28 时任重庆市委宣传部部长张鸣到学校校史馆参观（2021年10月，川外）

在高校的重大学术交流活动中，校史馆都能够成为高校展示整体形象的标志性场所。在校史馆中，来访者能够了解高校的过去与当前，继而对高校的未来发展产生联想。校史馆是最真实的宣传媒介，是面向广大青年学生、教师及其他来访者宣传高校文化理念的重要途径，是当前文化育人最需要的一个方面。

1990年5月4日，在校庆四十周年之际，学校校史展览馆正式开幕。2010年5月，在校庆六十周年到来之际，校史馆迁建博文楼一楼。2020年，校史馆改造完成。目前的校史馆占地面积502平方米，包括川外历史、大事记、历任领导、学术奠基人、现任领导、人才培养、科学研究、师资队伍、国际交流与合作、校园文化、党建与思想政治工作、校友工作、服务社会13个部分。

图1-29 时任教育部政策法规司副司长王大泉一行到学校校史馆参观（2021年9月，川外）

校史馆由党委宣传部新闻中心广播台负责日常管理，下辖一支讲解团队。该讲解团队主要以川外本科生为主，学生通过广播台选拔后进入讲解团队，目前讲解团队共有25名讲解员。自2017年以来，校史馆多次接待来校考察的上级领导，接待50余场国外来宾参观、60余场国内来宾参观，每年为新生入校提供讲解，并在川外七十周年校庆中为校友及兄弟单位进行讲解，累计接待人数达21000人次。

图1-30 入学新生和外国友人参观校史馆

（三）充分利用现代网络技术，建立校史网上传播平台

随着以计算机技术为支撑的网络时代的全面到来，网络平台成为展示高校校史的重要阵地，也是开展文化育人的全新途径。因此，校史馆的建设也要充分利用计算机网络技术，创建网上校史馆。网络校史馆能够进一步扩大校史馆的展示空间，能够满足高校师生更多的需求，使思想政治教育工作者在课堂中即可调用网络校史馆的资料为教学所用，进一步提高文化育人的实效性。网络校史馆在建设时必须注意其主要部分要与现实校史馆始终保持高度的一致性，同时也要把握网络技术操作便捷的特点和优势，将在现实校史馆中无法展现的校史内容，通过网络平台展现出来，如要将高校的先进人物所取得的成绩及时地在校史馆的官方首页上予以公布。

众多校友在各自工作岗位上通过努力取得的卓越成绩，会很大程度提高校友毕业高校的社会声誉和影响力，让社会大众对该高校给予极高的肯定。

网络校史馆的维护人员可以在重大活动图片处增加展示性说明，加强大学生对活动的了解，不仅实现了思想政治教育的熏陶作用，还能够对活动进行全程跟进，这也为现实的校史馆做出了巨大的延伸。同时网络校史馆也能够得到广大青年学生的喜爱和接纳，更便于掌握先进网络技术的大学生自行查阅。高校要在网络校史馆建设方面作出大胆的尝试，要将高校多年来所获得的骄人成绩及科研、教学的优秀成果通过网络校史馆这一平台传递给广大青年学生。网络校史馆是对现实校史馆内容的拓展和升华，对高校文化育人的现代化发展来说具有重要的促进作用。

如今，以微信、微博、抖音等为代表的大众新媒体出现在人们生活的各个角落，影响着现代人衣食住行的方方面面。新媒体时代各种官方微博、公众号的兴起使校史文化的传播效率大大提高，所以除了借助校史馆及校报校刊、广播、电视等传统媒体将校史文化讯息传递给师生员工、校友和社会各界人士，还可借助建立网上校史课堂、校史文化资源专题网站、公众号、官方微博等手段利用现

图1-31 四川外国语大学校友会
公众号

代网络传播的方便性、快捷性、形象性、趣味性和交互性等特点，增强校史文化传播的速度、深度和广度。

（四）举办校史专题展览

高校的校史馆在场地空间方面较为有限，在进行校史展览时，在材料方面要选取精华，择优展览。任何一所高校的历史都是一部奋斗的历史，每一个成长阶段都是一个时代的缩影，因此，高校要定期举办校史专题展览，使高校不同时期的优秀文化与理念得到系统的展现。校史专题展览是一堂生动的历史课和爱国爱校的教育课，不仅能够使大学生在参观展览的过程中得到良好的思想政治教育，还能够开阔大学生的视野，提高大学生的智力与道德能力。校史专题展览要能够揭示学校的历史变迁和发展，对以往的教育教学成果要做到精辟地总结，要有针对性地把能体现素质教育和发挥自己优势的档案资源整理收集起来，进行充分的挖掘、整理与利用，使每一个校史展品都能够活灵活现，使大学生能够进一步增强对校史的情感体验，充分体会母校的文化精髓和精神内涵，只有如此才能对大学生思想政治素养的提高发挥作用。校史展览的专题设计可以有很多种，譬如名人档案展览、教学科研成果展览、教授业绩展览、校友业绩展览、荣誉展览等，展示丰硕的教学、科研成果，展现名师名导的风采，展出学校不同时期获得的各种荣誉实物。这些专题展览反映了学校的教学水平和科研水平，以立体形式传达了科学的精神和思想。这些专题展览可以使大学生感受科学知识的魅力，接受前辈先贤的熏陶，增强大学生对学校的自豪感，不断提升大学生对学校建设、自我发展及社会进步的责任感与使命感。国家档案局原局长杨冬权在 2008 年档案工作者年会上提出，档案部门要以人为本，建立两个体系，即建立覆盖人民群众的档案资源体系，建立方便人民群众的档案利用体系。"高校校史馆的资源体系与利用体系只有着眼和立足于广大师生来建立，在有效服务广大教师的同时，服务于大学生的素质教育，校史馆工作才有成绩，才见成效，才会具有活力要使校史馆能吸引人，发挥在素质教育中的作用。"[①]由此可见，高校要想搞好校史建设与应用，并使之更好地作用到文化育人中来，就必须广泛地搜集和整理校史资料，取得老一辈知识分子的奋斗资料，使校史专题展览的内容更加丰富，进一步提升校史资源对大学生的吸引力。

① 金雁.以高校校史文化推进校园文化建设的路径研究[D].成都：西南交通大学，2009.

（五）建设校园校史景观

要想将校史资源更好地融入文化育人中，就必须进一步加强校园校史景观建设，为文化育人营造良好的校园环境。校史景观在设计过程中，要能够体现高校历史的韵味和校园文化的整体风格，大到总体景观的布局，小到一座雕塑、一块地碑的陈设，都要在校园的不同角落相应点缀，使校史资源能够在校园的方方面面体现出浓厚的人文气息，使大学生在日常校园活动中受到潜移默化的文化育人熏陶。这些景观建筑经历了时间的洗礼，时至今日仍然向莘莘学子展示着其古风雅韵，有效地增添了校园的精神文化内涵。因此，高校在建设校园校史景观的过程中，要进一步突出学校的历史积淀与文化特质，力求达到视觉景观层面与历史文化层面的有机结合，重点展示校园历史沿革，科学地确立空间景观标志。此外，高校在校园的历史景观规划中还要充分体现"保护"

与"发展"之间相互促进的动态平衡关系，从而更好地展现校园传统风尚与时代特征，以此实现校园的历史文化传承。

四川外国语大学里有一条路，名称是三花路。这个名称是有深厚历史底蕴的。1952年6月，根据中央军委决定，俄文大队整体脱离部队建制，转入位于重庆化龙桥红岩村的西南人民革命大学，成立俄文专

图1-32 学校内的文化雕塑："对话"

修部，11月，改为俄文系，校址迁至北碚三花石原川东党校旧址。三花石一直作为川外的本部，直至1966年12月，学校从三花石迁到北碚文星湾西南师范学校速成中学校舍。学校在三花石办学历时14年之久。

这14年，历经西南人民革命大学的俄文系、西南俄专、四川外语学院三个历史阶段，见证了川外发展历史上的重要阶段。3年多后，1970年11月，学校从北碚正式迁入现在的所在地，重庆市沙坪坝区烈士墓壮志路33号。学校在命名时，为其中一条道路取名三花路，就是为了纪念那一段重要的历史。

图1-33 北碚三花石校址（左图为西南俄专时期的大门，
右图为四川外语学院时期的大门）

图1-34 学生在校园的三花路上行走（2006年，川外）

（六）不断拓展创新校史文化产品的育人功能

校史育人以文化人要特别注重从细微处入手，要特别注重文化体验感和亲近感。近年来，各校纷纷推出大师剧、动画片、主题展、档案文库等，是一种非常好的探索。学校应充分挖掘校史文化资源，以学校变迁和发展过程中的标志性事件或者人物故事等为素材创作校史文化产品，以舞台剧、微电影、主题展览等多种形式生动诠释学校的文化与精神。这对广大师生校友而言，具有天然的认同、聚合和引领作用，有助于激发教师、学生、校友的深厚家国情怀和不懈奋斗精神，进而形成教师、学生、校友教学相长、相辅相成的文化育人共同体。一方面，学校通过开发校史文化产品，让教师准确把握大学的使命及教师的责任，自觉融入大学文化、弘扬大学精神，以实际行动阐释"为什么而教""教什么"和"怎么教"；另一方面，学校通过系列校史文化产品创设情景育人课堂，以具有历史感的文字、画面引导和教育当代大学生深刻理解"前人的长征"与"青年的担当"，思考"为什么而学""学什么"和"怎么学"，并增强他们对学校的认知、认同和感恩。

同时，有些学校推出的融入校史元素的文化衫、手提包、钥匙扣等小物件，甚至融入校史物件或建筑造型的冰糕、菜谱、小吃等创意文化产品，特别受师生的欢迎和喜爱。这些学校对文化符号的巧妙运用，既实现了校园文创产品的经济价值，又在潜移默化中构建着大学生的校园文化认同感。

图1-35 川外志愿者身着学校文化衫参加社会实践活动

校园文创产品的文化符号应用具象的文化符号和非具象的文化符

号。具象的文化符号，是一种直观的、具体的、可视的文化符号，写实性强。大学生一看到校园文创产品上具象的文化符号，就能立马联想起校园里对应的实物、地点，如校徽、标志性教学楼、钟塔、图书馆大门、伟人石雕等。比如川外推出的印有校门、校徽的钥匙扣，既满足了大学生的实际生活需求，又满足了他们的文化认同需求。

图1-36 不同时期的学校大门
左上：1970—1980年的校门 右上：1980—2000年的校门
右下：2000—2018年的校门 右下：2018年后的校门

非具象的文化符号，是一种抽象的文化符号，需要意识层面的内涵联想。大学生看到校园文创产品上非具象的文化符号，能联想起学校的名人故事、学习氛围、价值追求等，比如校训、校史、校歌、名人轶事、吉祥物等。比如川外以学校的标志性建筑为样式制作的雪糕，美化了雪糕的外形，传播了校园文化，深受师生喜爱。

图1-37 川外旋转校徽钥匙扣

不管是应用具象的文化符号还是非具象的文化符号，高校往往都是通过提取符号外形元素、抽象化处理符号元素、隐喻深层次文化内涵的方式来体现学校自身的文化特色，打造具有独特性的校园文创产品。

图1-38 川外大门雪糕

校园文创产品构建大学生校园文化认同感是通过认知层面、态度层面和行为层面递进来实现的。在认知层面，校园文创产品运用文化符号向大学生展现校园文化，大学生在使用这些带有文化符号的校园文创产品的时候，指向校园文化的认知过程被不断重复，其感知觉获得的关于校园文化的认知不断被强化，从而积累和保存下来的个体经验在认知层面逐步构建和加强大学生的校园文化认同感。

在态度层面，校园文创产品运用文化符号传递校园文化，其设计重心在于与大学生建立起情感联系，获得情感反馈。高校通过大学生认知中已有的经验和记忆以感性带动心理体验，借由校园文创产品对校园文化产生情感联系，增强学生个体与学校的情感维系，形成态度的变化。比如俄语版的川外校训帆布包，印有学校校训"海纳百川　学贯中外"，同时蕴含川外从俄文训练团发展而来，从俄语到多语种，再到多学科协调发展，从中国走向世界之意。将校训与学校对学子的殷切希望融合一起，每当学生看到这句话的时候，都能更深刻地感受学校对自己的期盼之情，能更好地领悟学校的文化内涵，对学校的情感自然而然地加深。

在行为层面，校园文创产品运用文化符号宣传校园文化，在于引导大学生将校园文化内化于心，提升对校园文化的正向情感，在于引导大学生将校园文外化于行，将校园文化的内在要求付诸行动。如大学生穿着印有校训的服装时，会不自觉地暗示自己的言行表现要符合校训的要求，自主地规范自身的言行。

图1-39 俄语版川外校训帆布包

图1-40 川外小铁路雪糕

高校运用校园文创产品向大学生传达办学理念、学校历史、大学精神，既拓展了校园文化的传播方式，又是新时代背景下构建和加强师生校园文化认同感的全新路径。

习近平总书记深刻地指出了文化的重要意义："文化是一个国家、一个民族的灵魂。文化兴国运兴，文化强民族强。没有高度的文化自信，没有文化的繁荣兴盛，就没有中华民族伟大复兴。"[①]在新时代，要实现高校的根本任务，即培养德智体美劳全面发展的社会主义建设者和接班人，文化育人，以文化人，越来越成为育人的重要途径和手段。用好校史资源，发挥校史教育的独特魅力，具有不可替代、不可比拟的优势。同时，校史文化

① 习近平.习近平谈治国理：第三卷[M].北京：外文出版社，2020：32.

本身就是文化育人的重要组成部分。从这个意义上说，校史文化育人，既是育人的手段，也是育人本身。手段与目标的合一性，决定了校史在育人过程中具有天然的亲近感，符合师生的认知规律，符合教育规律，符合学生心理，符合时代要求，对提升大学生的人文政治素养，激发爱国情感，增强社会责任意识，培养坚定的意志品质，具有重要价值。

认识到校史文化育人的重要价值与用好用活校史文化育人是一个硬币的两面，具有同等重要性，二者不可偏废。在实践中，特别要注重在体制机制、队伍建设、工作抓手等方面的建设，确保校史文化育人的价值蕴含能够有效地转化成育人的成果，能够为广大师生认可认同，从而从相信到追随，从认知到行动，真正成为社会主义时代新人。这个转化还有很多的工作要做。

第一，要加强校史育人的理论建设。学校要根据相关法律法规的要求，全面收集、科学梳理校史资料，在此基础上，编写出全面准确、科学与人文并重的校史。同时，学校应尽可能地丰富育人的模式，从不同角度、不同侧面、不同层次全方位立体阐释和展现学校的精神内涵，并与时俱进地加以推进。

第二，要注重校史育人的制度建设。学校要成立专门的校史编研机构，明确编研人员、职责，推进校史编研的常态化工作，坚决杜绝"应急性"校史编写，努力做到学校发展到哪一步，校史就编写到哪一步。要重视校友工作机构，经常性地开展校友联谊工作，了解校友动向，反馈校友信息。把校友工作看作校史文化育人成果的生动展现，校友工作是校史文化育人的现实组成部分，要在实践中用好用活这个重要的现实组成部分。

第三，要全方位拓展创新校史育人的抓手。要推进校史教育进课堂，开设通识课或将校史教育有机融入思想政治理论课。要建好校史教育的重要平台——校史馆，使校史馆成为师生都能够去、愿意去参观学习和汲取营养的文化育人阵地。要高度重视互联网和新媒体在校史文化育人中的运用，不断推出师生喜闻乐见的网络校史文化产品，满足师生新时代的网络文化需求。要注重在校园建设中，融入校史文化元素，使师生生活其中的物理环境人文化、校史元素物理化，做到物理环境与文化环境一体化。要不断拓展创新校史文化产品的育人功能，推动校史文化生活化，使校史文化与师生的生活紧密结合，让历史走进现实，融入生活，变得可触可感，做到校史融入生活、生活就是校史，实现校史育人以文化人的最高境界。

02

第二章

始终坚持爱岗敬业、艰苦奋斗的优良作风

膳食科长陈明义

　　1984年2月26日，一篇名为《膳食科长陈明义》的长篇通讯经新华社播发，被全国报刊全文转载。一夜之间，四川外语学院膳食科科长陈明义在工作岗位奋斗到生命最后一刻、因公殉职的感人故事走进了全国人民心中。

　　1980年秋，陈明义应陈孟汀院长的邀请到川外任膳食科科长。当时，高校伙食普遍不佳，川外也不例外。看到学生端着有盐无味的菜饭，他感到痛心。走访了烟雾腾腾、摆满煤油炉的学生宿舍，目睹了"打牙祭"时的混乱场面，陈明义想起了热情聘请他到川外工作的陈孟汀院长的话："明义啊，川外的工作困难多，食堂更是老大难！经常有学生和出国留学生到我办公室和寝室来，反映伙食又差又不卫生，作为院长，我真感到难过！不彻底改变学校伙食的落后面貌，师生不安心，教学搞不好，工作重点的转移也是一句空话……"他还想起了邓小平同志语重心长的话："大学里应当有一批热爱本职工作、勤勤恳恳为教学和科研服务的人，把这

图2-1　陈明义照片

方面的工作管起来，使教学和科研人员能够集中精力做好业务工作，不要让他们为了设备和工作条件问题到处奔跑。"陈明义肩负重托，受命上任了。他想方设法降低饭菜价格、增加分量，甚至亲自下厨烹饪菜肴。复习和考试期间，陈明义组织炊事员在课间休息时为学生送去刚出笼的小包子和面包等点心，晚上还为学生增开夜餐，供应抄手、饺子、面条、面包等，保证了学生的学习和健康。寒假期间，为了让留校学生过得愉快，陈明义又精心安排了他们的菜谱，并为他们举办春节会餐。为了让教职工有更多时间从事教学工作，他不但建立了小吃部，为师生提供各种面食和几十种菜肴，还在每个星期天用手推车向教职工出售各种卤菜、盘菜，以及抄手皮和抄手馅，让教职工很快就可以自己在家弄上一桌。

陈明义的心血，全科同志的努力，换来了丰硕的果实：川外的伙食甩掉了落后帽子，跨入了先进行列。陈明义和他领导的川外膳食科分别被评为重庆市先进个人和先进集体。报刊上还发表了赞扬他和川外膳食科的文章。然而，1983年9月21日，因积劳成疾，陈明义倒在了工作岗位上。

1984年2月26日，新华社播发了郭久麟等人撰写的《膳食科长陈明义》的长篇通讯，被全国各种报刊转载。1984年3月17日，四川省委和重庆市委、市政府分别授予陈明义"模范共产党员"和"模范后勤工作干部"的光荣称号。陈明义的故事在川外口口相传，也浓缩为敬业奉献、鞠躬尽瘁的奋斗精神，潜移默化地鼓舞着一代代川外人。

陈明义是四川外国语大学70多年攻坚克难创业史的一个缩影。建校之初，缺教室、缺教师、缺教材，可谓一贫如洗、一穷二白，睡的篱笆通铺，吃的粗茶淡饭，一本文法书，排队轮流读，与现在的条件比，说天壤之别也不为过。穷则变，变则通，有条件要上，没有条件创造条件也要上。老一辈川外人不畏艰难、直面挑战、自力更生、艰苦创业：缺教室，就在院坝教学，学生围坐教师周围；缺教师，就一边采取大班上课，一边积极物色寻找；缺教材，就结合教学实践，自己摸索编写。70多年来，无论是艰难发展的初创时期，还是四易校址的辗转腾挪，无论是申硕申博、教学评估，还是专业建设、扩大规模，无论是学校更名、化债，还是新时代发展、新校区建设，川外人都能以一往无前、敢为人先的勇气和顽强拼搏、百折不挠的精神，勠力同心、攻坚克难。这一段段栉风沐雨、筚路蓝缕、坚守岗位、敬业拼搏、艰苦奋斗的历程，也成为始终镌刻在川外人精神中的鲜明印记，在学校的发展建设历程中，留下了不可磨灭的影响。

爱岗敬业、艰苦奋斗具有重要的育人功能

一个高校的发展史，可以说是一个高校从成立之初到不断发展壮大的辛酸血泪史，它体现着一代又一代的有志青年投身教育事业和学校发展的热血、热情，彰显着一代又一代的师生为推动学校不断发展和进步做出的不懈努力。时代在不断发展，校史精神文化的内涵也在不断地丰富。但纵观校史精神文化，其中贯穿于学校建设发展的不同阶段，始终对一代代师生产生终生难忘的、不可估量的影响的往往是校史人物爱岗敬业、艰苦奋斗的故事和精神。这些有血有肉、生动鲜活的人物与故事，往往是校史精神文化中最为生动、最具亲和力的内容，是学校文化中最具生命力的脉动。学校精神要在师生心底扎根，实现育人功能，要通过挖掘校史精神中最具有立德树人意义的内容，进而形成向心力和凝聚力，使之渗透、内化到师生的思想和行动之中。

一、爱岗敬业精神是校史文化育人的重要内容

（一）爱岗敬业是社会主义核心价值观的基本要求

爱岗敬业是社会主义核心价值观的基本要求之一，也是

师德教育的基本规范。"爱岗敬业是教师忠诚人民教育事业、爱国之情和报国之行的集中体现，也是履行其他师德要求的思想前提。"①作为一种情感体验，爱岗敬业主要是指对党和人民教育事业的热爱与忠诚。高校教师要自觉培养对高等教育工作的强烈事业心和高度责任感，努力践行我国著名教育家陶行知先生所倡导的"捧着一颗心来，不带半根草去"精神，为高等教育事业的改革和发展贡献聪明才智。

① 陈红曼.新时期高校教师师德建设的思考[J].辽宁经济管理干部学院学报，2008（1）：65-66.

（二）爱岗敬业式学校教育的重要内容

学校是人才的摇篮，学校教育不仅关系到学生个人的发展，更关系到社会的繁荣和稳定。学习是一个过程，这个过程贯穿人的一生，学校教育能教给学生最好的就是学会学习的能力、学会如何做人的品行和对待事物的态度。没有不好的学生，只有不好的教育。相比其他职业的劳动对象，教师的劳动对象则是学生，他们会因遗传、环境、受教育程度的不同，而在智力、个性、气质、爱好等方面存在差异，整个群体呈现出多样性和变化性。这种多样性和变化性自然对教师提出了爱岗敬业的要求。国际21世纪教育委员会的报告《教育——财富蕴含其中》指出："人们要求教师既要有技能，又要有职业精神和献身精神。""没有爱就没有教育，没有责任就不会成为合格的教育者。"②

② 张晓庆.教师爱岗敬业的道德意蕴与伦理实现 [J].赤峰学院学报(汉文哲学社会科学版)，2015,36（10）：216-218.

此外，由于教育工作本身具有的迟效性，如果没有爱岗敬业的思想，就不可能安心于教育工作岗位，就不可能认真完成教育教学任务，更谈不上取得好的教育教学效果。因此，爱岗敬业是师德的基本点。教师的劳动内容不仅涉及知识传播，还涉及心灵塑造，这就要求教师的劳动具有个体性和创造性，而劳动的最佳效果往往要借助教师的自觉劳动才能实现。因此，教师就是学生的标尺。良好的教育精神是教育的根本，教师在教育过程中要以爱岗敬业的精神态度来影响学生。

（三）爱岗敬业是教师立德树人的基本要素

高校教师是学校精神的率先示范者，教师的行为和态度体现出爱岗敬业，既包含对自己选择的尊重和珍惜，对教育事业的全身心投入和无悔追求的态度，也包含在对学生人格尊重的基础上，对学生思想行为的理解和对学生成长的关注。教师应正确认识教育和教师的价值，尊重和珍惜自己的职业，关爱学生，建立民主、平等、和谐的师生关系，精心育人。"为人师表、敬业奉献"是高校教师行为准则的基本要求，教师在践行教学理念的过程中，发挥自身榜样力量，以良好的言传身教来感染学生，用实际行动告诉学生应该做什么、怎么做，在日常的教育教学中引导学生树立正确的价值观。人才培养的基础在于教育，教育发展的关键是教师。教师的品行及其教学活动会给学生带来"深""广""远"的影响。教师应勤恳敬业、甘为人梯、乐于奉献、严于律己、以身作则，以爱岗敬业的态度、关爱学生的师德和默默奉献的精神为学生做好表率，成为学生身边最鲜活的典型教材。

二、艰苦奋斗精神是校史文化育人的内在要求

（一）艰苦奋斗是高校建设发展的精神动力

艰苦奋斗精神是一种奋勇求索、扎实笃学的优良学风，

也是中华民族的传统美德。在我国，高校建设普遍经历过艰苦的创业阶段。创业者们勤劳勇敢、艰苦奋斗、无私奉献的鲜活事迹历经岁月洗礼与沉淀，形成了独具特色的历史文化和时代精神，是校史中的光辉印记。

例如发轫于中国人民解放军西南军政大学俄文训练团的四川外国语大学在建校之初，遭遇了重重困难。学校学习生活条件异常艰难，但师生们并没有被困难吓倒，他们积极动手制作各种学习用具、修缮学校，极大改善了学习生活条件。学校实行军事化的管理和教学，每天都有繁重的训练任务和学习任务，此外学生还要参与各种党组织、军队及群体活动，增强艰苦奋斗的意识。坚守岗位、敬业拼搏、艰苦奋斗，成为镌刻在川外人精神中的鲜明印记，是学校攻坚克难一路走来极为关键的精神动力。

（二）艰苦奋斗精神是校史文化育人的宝贵资源

川外创立于新中国成立之初，学校课程丰富多样，强调教育要与生产劳动相结合，包括组织学生参加春种、秋收等政治性与劳动性兼具的活动。劳动教育不仅改变了学生了思想观念，而且培养了学生吃苦耐劳、艰苦奋斗的优良作风。可以说，培养学生艰苦奋斗的优良作风，是高校建校之初思想政治教育的必备内容。一直以来，培养具有艰苦奋斗精神的优秀人才始终是高校育人的重要目标，艰苦奋斗精神逐渐融入高校思想政治工作的教育教学全过程之中。加强实践育人，让学生参加各类社会实践和劳动生产教育，有利于学生形成正确的价值观，培养他们吃苦耐劳、敢于奋斗的优良品格。

当前，世界处于复杂的、前所未有的历史性变局之中，的碰撞对大学生的价值观造成了一定的冲击，"尤其需要新时代大学生继承和发扬党的艰苦奋斗的优良作风，筑牢艰苦奋斗的精神基础，在不辍拼搏、奉献与成长中找到自己的角色定位。在面对消极腐蚀风险时，始终坚定立场，摆正方向，坚守自我，自觉践行社会主义核心价值观。在广泛的学习和社会实践中拼搏奋斗，从而实现个人艰苦奋斗与民族共同奋斗的有机统一"①。此时加强大学生的艰苦奋斗精神教育，筑牢大学生的精神之基尤为重要和迫切。

① 王永明，盖鑫.新时代大学生艰苦奋斗精神培育研究 [J].黑龙江工业学院学报（综合版），2021，21（5）：22-25.

　　党的十九大以来，习近平总书记十分重视艰苦奋斗精神的培养，在重要系列讲话、会议、活动中，"奋斗""奋斗者"等成为高频热门词汇。"新时代是奋斗者的时代。"新时代赋予艰苦奋斗精神新内涵，进入新发展阶段，面临各种风险和考验，中国共产党必须始终保持艰苦奋斗精神的优良传统，团结全国各族人民，在奋斗中共同推进中国梦的实现。高校作为人才培育的摇篮，更需要以实际行动坚守和传承艰苦奋斗精神。

（三）艰苦奋斗精神对新时代青年成长成才的重要意义

　　当前，信息化、网络化的世界使当代大学生的交流和沟通方式产生了巨大变革。一方面，大学生能方便快捷地获取各种信息和知识，另一方面，个人主义、享乐主义之风盛行，个别大学生将投机取巧视为正道，把艰苦奋斗看作笑话。在网络文化尤其在部分青年亚文化的影响下，一些大学生安于现状，沉迷于网络游戏，没有人生目标和规划。伴随着新时代的到来，我国社会主要矛盾发生转化，全面建成小康社会和脱贫攻坚取得了伟大胜利，在物质文明和精神文明双重提升的情况下，大学生的发展环境更加优越。然而，我国的基本国情和发展定位没有改变，我国依然是世界上最大的发展中国家，并将长期处在社会主义初级阶段。在发展中存在的诸多"短板"需要一代又一代大学生接续奋斗，因此提倡并践行艰苦奋斗精神，是顺应新时代发展规律、有效巩固发展成果的现实需要。

艰苦奋斗精神是中华民族宝贵的精神财富，回顾历史，中国共产党的艰苦奋斗精神并非与生俱来的，而是在实践中磨炼和锻造的。随着时间的推移，在新时代的不断变化发展中，大学生同样要发扬艰苦奋斗、勤俭节约的优良传统。当前，大学生正处于社会化过渡的关键时期，因价值观不成熟及缺乏信息辨识能力，易陷入"精神贫困"而迷失自我。"生于忧患，死于安乐。"历史表明，保持艰苦奋斗的优良作风是通往中华民族伟大复兴的必由之路。避免陷入"精神贫困"，学校应加强对新时代大学生艰苦奋斗精神的培育，引领大学生严格要求自我，坚持吃苦在先、享受在后。"历览前贤国与家，成由勤俭破由奢"，学校对大学生开展艰苦奋斗精神教育，有利于增强大学生的忧患意识，充实大学生的精神世界，使大学生加强自我鞭策、笃行实践。进入新时代，培育大学生艰苦奋斗精神要整合社会、高校、家庭及大学生自身的力量，筑牢大学生的精神之基，鞭策新时代的大学生持续发扬艰苦奋斗的作风，养成艰苦奋斗的品格，将艰苦奋斗精神内化于心、外化于行，使大学生成为艰苦奋斗精神的传播者与践行者，引领塑造崇尚艰苦奋斗精神的良好社会风气，为实现中华民族伟大复兴营造环境、增强信心，从而建立艰苦奋斗的精神共同体。古人云"自古英雄多磨难"，凡有大成就者都是踏着艰苦奋斗之路，经过顽强拼搏才走向成功的。大学生要想学业进步、事业有成，实现自己的理想目标，必然要在现实中经受各种困难与挫折。艰苦奋斗精神底蕴深厚，历久弥新，具有优秀的传统文化基因。坚持和传承艰苦奋斗精神，让它成为建设民族复兴伟大事业的精神力量，也是实现人生成功的必由之路。

三、充分挖掘校史文化中艰苦奋斗、爱岗敬业精神资源

（一）从校史精神中培育凝结大学精神

大学精神是大学的优良传统，同时也是推动大学与时俱进的力量，大学精神来源于大学的实践，必然也随着实践的发展不断增添新的内涵。学校通过梳理建校以来的历史发展脉络，总结大学精神在各个时期的表现形式和作用，进而阐述在新时代大学面临的使命和任务、新时代大学人肩负的社会责任与担当，推动大学精神在新时代的传承与创新。艰苦奋斗、爱岗敬业这些宝贵的校史精神，虽然在学校的建设发展过程中一以贯之，但在学校的不同发展阶段和不同的时代背景下，却有着不同的体现形式。例如建校之初的艰苦奋斗，主要是要克服物质层面的艰苦和匮乏，在生活上勤俭节约、朴素而为。但到了今天，社会主要矛盾已经发生变化，物质生活已经不再匮乏，艰苦奋斗的校史精神主要用于解决大学生的"精神贫困"，引导大学生远离"佛系""躺平"心态。大学生只有强化责任意识，增强担当自觉，勇于扛起重任，

并付诸行动，用行动为社会创造价值才能被他人需要，才能促进生面发展，实现自身价值。爱岗敬业精神同样如此。学校初创时期的爱岗敬业，更多强调奉献精神、牺牲精神，为的是克服艰苦的物质生活条件。而到了今天，爱岗敬业精神，除了奉献精神，还与师德、师风建设紧密相关，敬业守责是师德的基本原则，爱生重教是师德的基本前提，身正为范是师德的基本要求，完善自身是教师追求的目标。因此，除了奉献精神，还需要教师有创新创造精神，不断追求进步，以适应信息时代不断发展变化对新时代高等教育的新挑战和对教师提出的新要求，"承担起新时代高校教师的历史使命，为党育人、为国育才，不断培养出一批批担当民族复兴大任的时代新人，谱写好新时代高等教育发展的新篇章"①。

① 王增磊，张慧杰，张敏乔.新时代高校师德师风建设研究[J].科教文汇,2022（13）:1-3.

（二）以校史文化蕴含的价值导向提升立德树人实效

习近平总书记指出："历史是最好的教科书，历史是最好的老师。"要在大学生中加强中国历史特别是中国近现代史、中国革命史、中国共产党党史、中华人民共和国国史、中国改革开放史等的教育，坚持不懈培育和弘扬社会主义核心价值观。学习中国历史可以使我们发扬优良传统，承担历史使命，学习校史的价值对一所学校的发展同样意义非凡。校史是大学精神的重要载体，是一所大学无形的精神财富。将校史中的灿烂篇章、著名人物传播给学校师生，既能增强师生的自信心，又能激励师生更好地前行。

校史记录了学校前辈的奋斗历程、实践经验和先进事迹，对后来人有着非常强的启发性和示范性。校史文化育人，是以校史为主要内容、以师生为主要对象、以校史资源的开发利用为主要方式的教育活动。传承校史精神，最终落脚点是让艰苦奋斗、爱岗敬业等宝贵的精神资源内化于心、外化于行，不断践行和丰富大学精神。校史教育引导大学生把自己放在历史的方位中，能够有效激发他们传承大学精神的使命感。校史精神体现出的价值规范，能提升学校精神的育人功效。教师在教育教学活动中，认真履行岗位职责，关注关爱每个学生。学生受身边榜样潜移默化影响的效果要远远超出理论教育的效果。校史教育可以让大学精神从抽象的文字转变为生动鲜活的校史事例，从高高在上的标语转变为校园里亲切的校友事迹，让大学生产生情感共鸣，提高大学精神的文化认同感和归属感，从而让大学精神更具有说服力和渗透力。

挖掘校史中的精神文化资源，就要对校史精神溯源、展示大学精神的实践历程、印证大学精神的价值。研究校史、深入挖掘校史资源，讲清讲透体现爱岗敬业、艰苦奋斗这样的校史精神的典型人物与故事，是理解、传承和践行校史精神的前提。校史精神价值实现的关键在于将理想信念转化为师生自觉的主体修养和实践。

（三）从校史文化中汲取学校发展的精神力量

"大学之道，在明明德，在亲民，在止于至善。"每所大学的历史都是一部艰苦创业、自强不息的奋斗史。创建者们心系民族荣辱兴衰，在历史的跌宕起伏中始终不懈奋斗，为国家培养栋梁之材；大师名家们严谨治学、博闻强识、淡泊名利、教书育人的高尚品行，进步青年学生投身革命、立志报国的勇气与担当，优秀校友刻苦钻研、励志成才的人生实践……这些蕴含校史精神的校史故事具有强大的感染力。新时代高校思想政治工作的开展要更加注重文化育人。校史作为高校的重要文化资源，不仅是高校精神文明的载体，还具有独特的育人功能。校史精神是大学生命的活力、育人的法宝、发展的保障。利用校史资源育人对坚持走文化自信道路、实现立德树人、"三全育人"具有重要意义。

高质量的教育需要高素质的教师队伍，高素质的教师队伍是办好教育的基础和前提，一支高素质、专业化的教师队伍将对国家、民族产生深远的影响。建设一流大学，必须建设一支高水平的教师队伍，而良好的师德师风是新时代教师队伍评价的首要标准，也是改进教风学风的强有力手段，更是当代社会主义核心价值观建设的必要内容。以校史人物为精神脊梁，树立严谨治学、严于律己、师德高尚的榜样，加强师德师风建设，引导广大教师将教书育人和自我修养相结合，做到以德立身、以德立学、以德施教，更好担当起学生健康成长指导者和引路人的责任。做好校史建设，讲好人物故事，"引领学校风气，树立文化自信，是加强大学生爱校荣校教育的重要途径"①，是传承和发展校园文化的关键点，更是学校建设发展的强大精神动力。

① 于景华，刘阳.论高校校史建设与爱校荣校教育的结合及路径：以北京化工大学为例[J].黑河学刊,2019(3):135-136.

爱岗敬业、艰苦奋斗的校史 文化育人实践

一、词（辞）典编撰的光辉业绩

多年来，"大词典精神"这个表述在川外语境中反复被人提起。"大词典精神"讲的是川外外语辞书编纂者锐意开拓的故事。这里的大词（辞）典是指20世纪60年代由川外俄语系主编、商务印书馆出版的《俄汉教学词典》，以及90年代出版的《俄汉搭配词典》《法汉大辞典》等。"大词典精神"之所以在川外的历史中熠熠生辉，是因为几部大词（辞）典的诞生过程都充满了艰辛和曲折，彰显了川外人肩负时代使命，始终立足岗位、艰苦奋斗的优良作风。

（一）《俄语教学词典》

1958年，当时川外还不叫川外，只是一所单语种的俄文专科学校，偏处西南一隅，在全国外语院校中并非十分出名，可就是这所俄文专科学校，设想给每个常用词建档立案，从释义、词组搭配、应用举例、同义词辨析、常用病句剖析等方面作尽量全面的描述，把两种语言的表述特色放到辞书层面来加以诠释，这种做法在当年的国内外语教学中和辞书界

是绝无仅有的。

但是，具体应该怎么操作呢？群众是先生，俄语老师们拟出了4000个常用词条，全校专业老师齐上阵。第一步，选择一大批已有中文译本的俄文原版书籍，两两对照，剪贴例句词条。第二步，调动各位老师的业务能力和教学经验，人人认写词条。桌上地上摆放的全是例句卡片；书架上塞得满满当当的，是老师们几个月下来写成的词条初稿。

编辑室成立了，词条初稿也陆续撰写出来了。面对这一堆参差不齐的手稿，大家才感到科研毕竟是科研，单靠大兵团作战是不行的。于是，学校安排了蒋锡淮、牟绪典、任醒云、桑抗四位老师专门负责词条初稿加工。四位老师都是业务尖子，有丰富的教学经验，但是他们涉猎专业也只有短短几年，又没有出国深造过，要对一门外语的一个个词条作多方面的界定描述，为学习者提出有见地的指导，难度是可想而知的。任务在前，他们只能知难而进。他们首先对4000个词条进行精选，确定了1200个词条的审定词目，其次一个词、一个词地写出审定稿，这就需要调动他们的一切业务能力和教学经验，查阅所有能够搜集到的辞书和典籍，并在俄文原版书籍中征引大量语言素材。这项工作卷帙浩繁，犹如大海捞针，需要老师们冥思苦索、条分缕析、挑战不可能。

这样的编辑工作持续了整整三年。三年里，寒来暑往，四位老师天天在编辑室里正襟危坐，默默地为未来的词典呕心沥血。经常，房间里除了书页翻动外，就只有敲击打字机键的哒哒声。重庆的夏天酷热难耐，因为资料要共用，老师们只能天天到编辑室上班。在气温最高的日子里，蜗居一室的几条汉子，着装简约到了极致，依旧大汗淋漓，只好在胳膊肘下垫块毛巾，免得汗水浸湿了稿纸。这三年，又正好是国家粮食短缺的时期，每人月供口粮很少，基本没有荤腥，每天饥肠辘辘，他们依旧忘情于编纂工作。经过几年的艰苦努力，1963年，词典的上册出版了。但由于特殊的历史环境，存放在出版社的稿纸下册不知去向，而学校留存那一份也早已佚失，令人扼腕痛惜。不过，好在上册的出版发行已获得读者和专家的好评，引起了国家相关机构的关注。

1975年，为了适应国际交往的需要，周恩来总理批复了《国家出版事业管理局关于中外语文词典编写出版规划座谈会的报告》，这个规划要求从1975年至1985年完成175部各类中外文辞书的编写出版任务，改变"大国家，小字典"的落后状况。程贤光代表川外参加了中外语文词典编写出版规划座谈会，川外领了三项任务：《俄语教学词典》《英语教学词典》和《英语缩略语词典》。学校义不容辞地接受了这项科研任务，决定成立重编《俄语教学词典》领导小组。由王丙申、戴福荣、群懿、张西铭、杨玉琛、李馨亭、王忠海、程贤光、许筱林、张连谧、丁富贵及俄语系两名工农兵学员共13位同志组成。王丙申同志任领导小组组长，戴福荣、群懿、杨玉琛同志任领导小组副组长。编纂班子也重新搭起来了。其中前两项任务分别交给程贤光和曾祥禄两位教授负责组织实施。《英语缩略语词典》当时已在编写中，由谢盛根负责继续组织编写。

《俄语教学词典》编写工作从1975年开始到1985年上下两册定稿，历时整整10年。上册于1982年出版，首印10000本一售而空。下册于1982年基本准备就绪，1985年定稿，1990年终于得以出版面世。10年工作的辛苦加上各个方面的干扰和压力，实在太难。但是无论怎么困难，词典编写组的老师们顶住干扰和压力，团结一心，迎难而上，10年奋斗，终成正果。

在《记忆川外：口述校史》（第一辑）中，曾祥禄教授说："编纂词典不是那么容易啊，这是非常辛苦的活儿。有一位科学家说过，大意是一个人犯了大罪，不用判他重刑，让他编一部辞典就够了。"曾参与词典编纂工作的原四川外语学院副院长周以行，四川外语学院学报编辑部主任、常务副主编赵璧，俄语系退休教授谢盛根曾撰文回忆道："编纂词典是一项艰苦细致、极其严谨而又责任重大的工作。词典编纂者必须做到细心、耐心、精益求精，反复琢磨、慎重落笔，来不得半点粗心和不实。他们写出的书稿必须力求正确、准确、精确。词典者，词之典范也。来查词典的人视词典为典范，信不疑，如果词典出现不正确、不准确、似是而非，那才真是误人子弟贻害无穷。"

正是怀抱这样的"大词典精神"，川外俄语专业的老师们不讲条件、不计报酬，数十年躬耕于词典的编写工作。那时候，学校条件非常简陋。词典编写组的办公室在学校山字楼（现宏文楼），光线很差，许多原文辞书字体很小，要用放大镜看，遇到停电，只好用蜡烛，凑得太近，导致头发被烧的事时有发生。就这样，许多老师得了颈椎病，视力也大大下降了。几十个人挤在一间办公室里，不惧严寒酷暑，没有空调，没有风扇，没有假期，夜以继日，大家始终坚持苦干实干。初稿、初审、复审、通审、定稿，认真细致，步步为营。当时，编纂词典并不是老师们唯一的工作。许多老师同时还担任着教学工作。"一手编词典，一手抓教学是我们工作的常态。我自己担任主编的同时，还给大学生、研究生上课，指导研究生论文。同时还担任俄语系主任、外国儿童文学研究所所长。后期还组织并参与《儿童文学词典》的编纂，组织并参与外国儿童文学丛书的翻译出版，参与主持《世界儿童》文学杂志的编辑出版工作。在词典付印之前的校对工作更是狠抓细抓。我们在整个校对过程中发起了抓错比赛，效果之好出人意料。老师们轮流到印刷厂和工人师傅一起校对印刷。副主编许筱林甚至驻扎在厂里一年多。大家以高度的责任心坚持多年'两手抓、两手硬'。许多人从来没有在夜里12点以前躺下睡觉。"程贤光教授回忆说。

　　日复一日，年复一年，历经各种酸甜苦辣，词典就像川外的孩子，终于呱呱坠地了。《俄语教学词典》是俄语系众多老师数十年教学经验的积累、十几年辛勤劳动的结晶。从1975年开始到1990年词典下

图2-2《俄语教学词典》编写组成员

册出版，15年的辛苦，15年的坚持，15年的奋斗，终于凝结成《俄语教学词典》这部独树一帜且极具实用性的工具书。《俄语教学词典》是我校历史上的一座丰碑，也是学校的重大科研成果，是史无前例的独创的辞书形式。词典上下两册共计800余万字，收录了2800多个有难点的俄语单词、30多万个词语搭配、13万多条例句。所有搭配和例句统统出自俄文原

文作品。词典获得了重庆市社科研究成果一等奖、四川省社科研究成果二等奖，得到了我国俄语界和许多俄语教育家、翻译家的高度评价与普遍欢迎，受到过俄罗斯、美国等国俄语界人士的称赞。俄语界泰斗师哲先生来函评价说："你们做了一件伟大的事业，这部词典是对俄语教学的杰出贡献。"词典曾被国家有关单位选送法兰克福和莫斯科国际图书博览会展出并获得好评。直至今日，《俄语教学词典》仍被俄语界的师生誉为"最好的词典""最实用的词典"。

（二）《英语教学词典》

1976年，英语系开始《英语教学词典》的编写。这部由曾祥禄主编，夏洪进、黄永义、林长路、马魁乐等编纂的词典，经过十几年的努力，于1992年由四川人民出版社正式出版发行，以后重印5版，并由台北建宏出版社出版繁体字本，名《英漢六用詞典》。这是学校第一本在境外出版的词典。

主持词典编写的曾祥禄说："我是学英语专业出身的，后来转到俄语系教俄语，再转回到英语专业，这都是为了工作的需要。学校需要我干什么，我就按照学校的要求来。"据他回忆，在下达编词典任务时，大家还有一些畏惧，不敢接手，后来是军宣队、工宣队下来做工作，才搞起来的，大家也是边做边学。在编写过程中，

图2-3 《英语教学词典》编写组部分人员合影
左起：夏洪进、曾祥禄、黄永义（1983年，川外）

在我校任教的加拿大专家Artem Lozynsky教授帮助审阅了大部分词条的英语例证，取得了比较好的效果。虽然当时英语词典比较多，但相同类型的词典国内还没有。《英语教学词典》编写的目的，就是考虑做一般的通用字典，考虑使用范围要广一点，力图把不同类型的词典的好处、优点都综合到词条内容里。在例证方面，要包含英语原版的文艺作品、报刊新闻、科普读物、教材等，注重例证的实用性和科学性，多考虑读者的需要。这部词典在国内销售得比较好，据了解，当时在海南省都有销售，销售得比较远。

（三）《俄汉搭配词典》

20世纪80年代，循着《俄汉教学词典》编写的光辉业绩和"大词典精神"，川外成立了词典编辑室。《俄汉搭配词典》正是川外于20世纪90年代编纂的另一部影响力较大的俄语工具书。这部词典最初由蒋锡淮老师负责，蒋锡淮老师调走以后，转由张可任老师负责，但当时张老师已经临近退休。这时，身为共产党员的孙致祥教授勇挑重担，接受了时任院长蓝仁哲的聘书，担任主编，负责这本俄语大词典。

为了组建编写班子，孙致祥按照自愿原则，一个个登门拜访，征求意见，吸收自愿参加编写的老师，如桑抗、宫铁燕、郭纯武，特别是原俄文训练团老战友石孝殊教授。石教授毕业于南京大学英语系，担纲编写了很多字典，是《牛津字典》的主编、《美式英语》汉译的主编，还是当时英语专业的权威，新中国成立后又加入俄文训练团，所以英文和俄文都好。此外，编写组还有其他二三十位老师，从1990年至1998年，耗时近9年完成了编撰工作。孙致祥教授回忆道："9年里大家都很团结，齐心协力来编写这部字典。"经过艰苦努力，这部词典有2255页，收录词条8000个，选录了政治、经贸、文教、科技、日常生活等知识领域的常用词语，并包含有较丰富搭配能力的常用动词、名词、形容词和部分副词。词典于2003年由商务印书馆出版，2012年4月再次印刷出版。

（四）《俄语详解大辞典》

20世纪80年代中期，黑龙江大学正式来函，邀请学校参加《俄语详解大辞典》的编辑工作。群懿院长欣然接受邀请，并责成有关人员迅速组成第三卷的编写班子：蒋锡淮（分卷主编）、郭纯武（分卷副主编）、宫铁燕（分卷副主编），以及孙致祥、周以行、张天俦、张可任、赵璧、桑抗、谢盛根等10位编辑。黑龙江大学随即给上述10位参加编写人员分别发来由该校校长签名的聘书，正式聘为编辑。学校编写团队认真、仔细查阅资料，严格按照统一规定的编写细则迅速展开工作，于90年代初顺利完成全稿。川外的工作进展和编写词条的质量多次受到主编单位表扬，充分展示了老师们的奉献精神、知识水平和工作能力。

20世纪末至21世纪初，俄罗斯社会发生巨大变化，俄语中涌现了大量新词语、词的新义、新用法、新成语等。编写者将这一时期反映语言变化的词汇资料收集起来，编入新修订的词典。2005年，黑龙江大学决定对《俄汉详解大词典》进行增订和修改。第三卷的任务仍然交给四川外语学院。时隔10多年，有几位老师已离世，生者多年事已高。参加增订工作的只有宫铁燕和谢盛根二人。经过10多年的辛勤劳动，全书终于修订完毕，共增补54000个新词条。2014年由商务印书馆出版《新时代俄汉详解大词典》（四卷本），词典编者在前言中特别提及对四川外语学院的"极大的支持"表示真诚感谢。

（五）《法汉大词典》

20世纪90年代，我国政治、经济与文化对外交往日益频繁。广大法语工作者深感大型法语工具书的奇缺，非常渴望容量更大、内容更新、编排形式更好、实用性能更强的大型法汉词典面世。因此，以当时四川外语学院法语系老师为主，邀请南京大学、广东外语外贸大学和云南师范大学的部分同仁参与，历经10年，大家密切合作，精心编译完成《法汉大词典》，于2000年4月问世，先后由西南师范大学出版社和上海译文出版社出版，在海内外发行。

1990年，台湾"中央"图书出版社社长林在高先生计划编著一部法汉大词典，便通过俄语系陶在铸老师联系上法语系副主任黄新成。林先生说，想在大陆为家乡做点事情，计划三五年编写法汉、德汉、西汉等大词典。黄新成当即表示，川外法语系愿意承担这一任务。随后，黄新成、胡宗荣、柏令茂、刘盛仪几位老师在柏令茂家举行了《法汉大词典》编写工作的第一次会议。编委会就合同条款讨论并一致同意后，黄新成作为主编代表编委会在合同上签了字，在合同上林先生只给了署名权。当时，知识分子的处境艰难，工资待遇也非常低。大家并没有计较报酬和利益，只想为法语教育教学做一些有益的事。

随后，编委会多次召开编写会议，讨论《法汉大词典》的编写凡例，确定了入选词条的原则，即现有法汉词典有的，这部词典要有，现有法汉词典没有的，这部词典也要有，字数控制在1000万字左右。就这样，川外于1990年初启动了《法汉大词典》的编译工作。为了确保词典的编译质量，词典编辑室成立了四个编译组，由黄新成、刘盛仪、李克勇、胡宗荣、柏令茂分别牵头组织校内外法语老师或校友编译，并分头负责质量把关，最后由黄新成负责统稿。同时川外确定，通过《法汉大词典》的编写，以传、帮、带的方式培养年轻教师。

双语词典，比单纯编写一种母语大词典多了一道准确翻译的难关，务必十分谨慎地加以查证，务必做到下笔有据可靠。因此，为了编译准确，就必须付出巨大的艰辛去仔细查证。编译人员除备课、上课和批改作业外，几乎把所有业余时间都用在了这部词典上面。尤其是到了星期天，大家更是全天12小时以上伏案工作。加之那时夏日降温和冬日取暖的设备很差，大家只好忍受着夏日汗流浃背、冬日冻手冻脚的煎熬……如此高强度的工作，编译组的老师们坚持了长达8年之久！多位年纪较大的老师头发都熬白了，其中有一位老师还熬得自己的视力受到严重损伤。老师们为该词典的编译付出了极大的智力和体力代价。

全部编写工作大约在1998年完成。同时，在编写期间，稿子一批一批地初步审定，随即一批一批地陆续送到林先生在重庆开办的重庆长山科技有限公司进行书稿录入、校对、出胶片。初稿完成后，很久没有出版消息。后来大家才知道林先生没有争取到直接在大陆的出版发行权而放弃出版这部大型词典。得知这个消息，大家感到非常失望。"我们这么多人，倾注了所有的教学业余时间，投入了精力最旺盛的时光，一丝不苟、长年累月地伏案、极度辛苦地劳作，难道就这么被打了水漂，就这么被无情埋葬吗？这对我们来说是何等巨大的损失哟！"柏令茂回忆道。

1998年7月林先生改变决定，与川外签订合同，确定支付1000万字的稿酬，并给编译组授权在大陆联系出版，用所得出版收入填补其余383万字的稿酬。然而，大陆出版社对川外法语系主持编纂的如此巨大的辞书是否能盈利没有把握，不愿意冒险出经费来出版这个大部头。川外只有自筹经费。经估算，出版大词典要40多万元！当时，大学老师的平均工资只有几百元，这可是一个天文数字。

　　山重水复疑无路，柳暗花明又一村。黄新成在广外参加学术会议时见到了当时法国驻华使馆的经济参赞，向他介绍了编写出版《法汉大词典》的计划，希望法国驻华使馆时任大使毛磊先生赐序并资助出版。经过多次协商沟通，毛磊大使为《法汉大词典》写了序，法国大使馆资助了28000元人民币用于支付出版费。然而，这笔钱还不够支付出版社费用，印刷厂的纸张、印刷、装订等费用也没有着落。最后，在法语系周世珍老师协助下得到了法语系1972级毕业生樊迎朝先生的电话联系方式，黄新成在长途电话里详细介绍了《法汉大词典》，希望樊迎朝能帮助出版。电话交谈中，樊迎朝先生痛快地答应资助。出版费用解决后，大家仍然担心版权纠纷的问题。因为在《法汉大词典》编写过程中编译组参考了许多原文字典，尤其是法国罗贝尔词典出版社出版的词典以及拉鲁斯出版社出版的十卷本词典等。经过努力，川外与罗贝尔词典出版社双语词典主编马丹·巴克签订了授权合同，他授予了15年的出版权。

　　随后，老师们联系西南师范大学出版社自筹资金出版，确定首次印数为3000套。终于，历经10年艰辛，报经国家新闻出版署批准，大家渴望已久的、兼具实用性和准确性的、祖国大陆与台湾海峡两岸的民间文化合作大成果——川外版《法汉大词典》终于在2000年4月问世了。

川外版《法汉大词典》实现了博采众长，广泛吸收了当时最好最新的法国权威词典的内容，在收词范围，编写方式，编排格式，词义排序，背景注释，语言用法公式化，短语、成语、谚语有序排列，同义词，反义词，修辞比较，学科专业词语小集，以及重要人名、地名等诸多方面都超越了以往的同类词典。《法汉大词典》外审评委会副主任、武汉大学杜青钢教授评价道："这部大型法汉词典的编纂出版，对于我国法语教学、法语翻译与科研水平是非常必要的、非常有用的，为中国法语界增了光，是对中国发展法语教学及法语翻译、法语文化研究事业的一个大贡献。"

（六）《俄语语法词典》《英语缩略语词典》等

《俄语语法词典》由我校呼延如瑾教授主编，2004年8月由商务印书馆出版。1993年到2003年编写这部词典期间，呼延如瑾教授曾三次因病住院，却坚持不懈完成了这项工作。词典选用20世纪50年代以来俄语语法著作中的主要术语约8000条，区别其异同，作出阐述，辅以例证，并介绍了一些语法学者的不同观点。语法术语是语法规则的高度概括。词形变化部分则用俄语中变化有难点的10000词作为范例，并逐一列出其可能有的各种变化形式，包括潜在形式，旨在帮助解决中国人学习俄语面临的困难。词典在语法著作领域，通过对术语诠释的角度加深读者对语法规则的理解，有助于提高学习者的语言运用能力。这本词典得到了学术界的高度评价，不少知名学者在涉及俄语学术工具书研究的内容时，常常提及这本书。

同一时期，由川外教师主编的词典还有《英语缩略语词典》。《英语缩略语词典》由蒋锡淮、谢盛根、宫铁燕、张天伟等编纂，出版后获得了读者的一致好评。

牵头编撰词典工作的词典编辑室，从20世纪80年代至今已编纂出版20余部辞书。2015年，以研究所为依托，学校获批中央财政支持地方高校专项科研平台项目——"汉外双语学习词典研发实训基地"。

图2-4 学校正式编撰出版的词典

2020年，以研究所为基础，学校获批重庆市高校哲学社会科学协同创新团队——"语言大数据研究与应用创新团队"。研究所致力于词典学基础理论研究、汉外双语学习词典研发和词典学博士、硕士研究生培养。

（七）"大词典精神"光照川外学者奋进道路

20世纪80年代成立的川外词典研究所教学科研成果丰硕。近年来，研究所承担国家社科基金项目8项（含重点1项）、省级科研项目20余项（含省级研究生科研创新项目9项），获批省级研究生优质课程2门，荣获省级社会科学优秀成果奖3项，在 International Journal of Lexicography、《外语教学与研究》《外国语》《现代外语》等重要刊物上发表论文120余篇，出版词典学专著6部。研究所学术交流活跃，近年来，承办了第二届词典学与二语教学国际研讨会、中国辞书学会辞书编辑出版专业委员会第十届学术研讨会、第十三届全国双语词典学术研讨会暨第六届词典学与二语教学国际研讨会、亚洲辞书学会国际跨文化词典学高端论坛等国际国内学术会议。研究所还与美国宾夕法尼亚州立大学、新墨西哥大学、杨百翰大学，英国伯明翰大学、巴斯大学、考文垂大学、伍尔弗汉普顿大学，德国科隆大学及丹麦奥胡斯大学等高校建立了长期稳定的交流合作关系。

词典编撰的熠熠光辉业绩早已载入川外70多年发展史册，更为重要的是，一代代川外人在词典编撰工作中凝聚成"坚持真理、破除迷信、勇于创新、艰苦奋斗、团结进取、无私奉献"的"大词典精神"，将永远激励着川外人始终立足岗位、恪尽职守、艰苦奋斗！

二、薪火相传的敬业精神
（一）俄语人的首创

川外发端于1950年西南军政大学俄文训练团，俄语是学校最早建设的专业，也是新中国成立后国内最早的俄语专业之一。川外面临着那个时代特有的困难：除在两年的突击式俄文集中训练中积累的经验外，领导、职员和教师都缺乏在高等学校工作的经验；学校一成立，就有429名学生，而且三个年级齐全；随俄文大队来地方的4位中老年教员（郭观伟、孔昭麒、刘鸿汀、汪志辉），从哈尔滨聘来的毫无教中国学生学俄语经验的20名苏侨，学了两年俄语、刚毕业留校的20岁上下的青年人，要承担400多名学生、三个年级的全部教学任务；教材除原俄文大队留下并能继续使用的一两种外，都要从他校引进或自选自编；教学资料、电教设施极少，一架钢丝录音机、几台收音机、留声机及唱片；学校下属各机构，特别是教学机构单一，人员配置少，没有工作经验，缺乏规章制度；校舍是原川东党校留下的，办公、上课、吃饭、住宿用房都十分拥挤。

1952年8月，学校将留校的10名毕业生派往上海俄文专科学校（以下简称"上海俄专"）进修。上海俄专对他们测试后，认为他们水平较高，竟让他们与上海俄专的教师编在一个组，当了助教。这10名俄文大队毕业生，依靠两年里打下的扎实俄文基础，备课、讲课、辅导一丝不苟。一个学期下来，他们所教班级学生的期末考试分数都在所有平行班平均分之上，给该校领导、教师留下了极好的印象。1955年8月，我校又派了7名（其中6名为俄文大队毕业）助教到北京俄语学校二年制教师进修班学习。该教师进修班的学员都是由北京俄语学校、上海俄专、北京大学、清华大学、东北师范大学、西南师范大学、武汉大学等校俄语专业选送来的年轻助教。第二年我校派去的7人中有两人被选为班长，他们平时的学习表现受到了苏联专家及同学的好评。

1957年，在北京进修的7人结束学习，他们的考试成绩大都为优秀。据当时的教育部门反映，西南俄专的毕业生受到用人单位欢迎，他们的俄语专业水平，在全国俄语校、院、系毕业生平均水平之上。这说明俄文训练团（大队）培养出来的毕业生，政治表现、俄文水平都是优异的，与全国其他地区正规院校三年制俄语专业毕业生相比毫不逊色。他们中不少成为知名教授、资深翻译家、研究员，专著、译著硕果累累。整个西南俄专时期，老师们年年寒暑假都加班加点选编材料，特别是有关政治方面的课文，差不多每学年都要删旧增新。俄语老师们算不清他们在选编教材上花了多少时间，

图2-5 1957年俄专教师进修班师生合影
前排右一王耀祖 右二苏联专家奥索金
左一群懿 左二王丙申 二排右四何根惠

只记得为编教材暑假热得汗流浃背、寒假冷得手脚发麻，上午4个小时，下午4个小时，晚上熬到深夜两三点，一天奋战13~14小时是家常便饭。

程贤光教授是俄文训练团的第一批学生，从川外存在的第一天起，他就是川外人。他回忆道："当时的学习生活条件不可谓不艰苦，几个班一起住在平房集体宿舍，一个小房间就住二十几个人。"没有教室就搭建茅草棚，作为临时教室。最初教口语的老师竟是一名多年在苏联修鞋的中国皮匠，后续才有了正规的俄语老师。"最初，训练听力也全依靠手摇留声机，也没有正规教材，字典也是千方百计寻来的《露和辞典》（俄日字典），就连黑板都是用油布充当的。"同时，俄文训练团在学习方面还实行淘汰制，学不下去就调回原部队。"一周一小考，一月一中考，一期一大考。"整个学习过程完全是军事化管理，早晚照常出操、夜间站岗巡逻等。到1952年毕业时，原本的600余人仅剩300余人。

虽然条件艰苦，但对于学习俄文，程贤光非常认真和努力。"既然国家需要我们学俄文，那就一定要学好。国家的需要就是我们的目标。"抱着这样的理想，他学习得非常刻苦。很多学员也是一样，在半年后就可以阅读俄文原版书籍了。

1952年6月，程贤光以优异的成绩毕业。毕业后恰逢中央决定将俄文大队整体转业到地方，程贤光一同来到西南人民革命大学俄文系，后选派到上海俄专进修。由于当时我方选派的10名人员俄文水平较高，进修就变成了在上海俄专担任班级助教。

1953年春，学校整合为西南俄专，召回了还在上海进修的10人，程贤光从此便开始在学校任教，转眼便是七秩岁月。在教学岗上，他并未停下学习的步履。"学好、教好一门外语，不仅是外语要好，还要各个方面的知识结构都比较好。"他感觉自己的知识文化应得到很好的提高，"不提高是走不下去的。"1952—1957年，他尽可能找来高中、大学本科的课本补习，不仅阅读了大量的中外名著，还订阅了20余种报纸杂志"自己给自己补课"，他自己称为"恶补"，最后达到"博览群书"的境界，最初的学习与教学困难随着阅读量的增加而逐渐得到解决。

孙致祥教授是苏联列宁格勒大学语文系首位获得副博士学位殊荣的中国人。他留学期间对自己要求十分严格，最终在中译俄、俄译中、读本（即精读）、军事、翻译、文法六个科目中，除文法获得4分（良）外，其余科目皆为5分（优），以"一等"的优异成绩毕业，成为为数不多的留校任教的教学骨干。孙致祥回忆："当时还是花了些功夫，我甚至读出了胃病。苏联的食堂不像现在有规定时间，那时就是自己出去找食堂吃，可早可晚，没有规定时间，有时一本书没看完就拖时间，饱一顿饿一顿地就得了胃病。"凭着俄文大队"自强不息"的精神，孙致祥迎难而上，经过一段时间的高强度训练，在不借助词典的情况下，也能顺利完成导师的任务。孙致祥教授在教学一线辛勤耕耘了50多年，始终肩挑重任，培养了不少优秀学生。

俄语系1980级校友、曾任中国石化扬子石油化工有限公司党委书记的校友严明在《难忘川外》中写道："川外是由俄语起家的，是从人民军队里走出并成长壮大的，教师队伍的素质是学校发展的关键。俄语系有一大批德才兼备的优秀教师，例如，呼延如瑾、程贤光、孙致祥、谢盛根、杨无知、张洪良、张可仁、曹威凤、冯作洲、李月琴、汪宗正、何根惠、黄培莲、张申兰、周成堰、秦崴、邓蜀来、伍春凤、廖光秋、李小桃等等。这些老师共同的特点是：政治强、业务精、素质好，像园丁一样辛勤耕耘，无私奉献，既教书又育人，深受同学们的欢迎与喜爱。说到呼延如瑾教授、程贤光教授，那是德高望重、学术精湛，让人心服口服，对我的教育和影响尤为深刻，不仅仅是专业知识的传授，更重要的是老师身上那种人格的力量、强大的气场和满满的正能量，完全超越了时空的界限与范畴，时刻在引导激励着我立德做人、创业发展。程贤光、孙致祥、杨无知、谢盛根四位老师作为这个俄语家谱群体中的突出代表，荣获'中国俄语教育杰出贡献奖'。还有年级主任李月琴，对学生慈母般的关爱以及细致入微的思想工作方法令人赞赏。老师对待学生像春天般温暖，他们的言传身教，为人师表，发出的光和热，帮助同学们树立起正确的世界观、人生观和价值观，是我们人生的宝贵财富。"

首批俄语师资班的成员、获得"中国俄语教育终身成就奖"的谢盛根教授说："川外有两个法宝。第一个是认真，就是部队来的传统作风，教我们做事要认真。要做就做成功，而且要有目标，有雄心壮志。敢于担当，认真干事，什么困难都可以克服。第二个就是川外历来有一个好风气，师生关系好。特别是俄语系，老师和学生的关系，有史以来都是很亲密的、值得表扬的。老师爱护学生，学生尊敬老师。师生不分彼此，教学相长，团结友爱，亲如一家。两大法宝我们一定要珍惜，传家宝，一定要世世代代传下去。"70年来，已有程贤光、孙致祥、谢盛根、杨无知4位俄语老教授获得"中国俄语教育杰出贡献奖"，正是在他们薪火相传的敬业精神感染下，一代代川外俄语人团结协作、攻坚克难、砥砺奋进。

20世纪90年代，由于苏联解体、国内经济遭遇冲击，正值一批老教师到了退休年龄，川外俄语专业的师资出现了明显短缺、青黄不接、力量薄弱，处于低谷，当时有200多名学生，只有11个老师，师资缺乏，老师的负担很重。但以徐曼琳为代表的一批中生代老师发扬了老一辈川外俄语人的光荣传统，艰苦奋斗，挑起重担，一方面留住本校人才，引进国内人才，另一方面陆续赴国内外知名高校攻读学位或进修。通过他们的努力，川外俄语系很快稳住了阵脚，没过几年，不仅老师数量大大增加，而且已形成梯队，教学质量也提高了。

1985年，徐曼琳到川外俄语系求学，师从孙致祥教授，读硕士后她赴北京师范大学读博，学成后她依然回到了川外。如今，她已是俄语学院院长。在校庆七十周年云访谈"川外俄语七十年"中，徐曼琳说："川外俄语有优良的历史传统和文化积淀，我有幸成为中生代的俄语教师代表，秉承前辈们留下来的优良传统，继续奋战在俄语教育的第一线。我们这一代就是架设在过去与未来之间的桥梁，我们要用自己的脊梁顶起俄语系的事业，让俄语系强大的传统之根滋养出繁盛的枝叶，绚烂的花朵和甜蜜的果实。"

2007年考入川外俄语系，目前也在俄语学院任教的青年教师杨希曾撰文讲述自己与川外俄语系的情缘："无论身份如何转变，名称如何更迭，川外一直是所有川外人挚爱的热土，川外的精神值得我们代代传承。我亲眼看到了川外这些年的变化，校园的环境日新月异，学术氛围严谨活泼，而刻苦勤奋的学习气氛更是学校最显著的特征。成为一名俄语教师的我，势必努力传承俄语系的优良传统，在向学生们教授知识的同时，传达这些年来感悟到的点点滴滴，用自己的努力为川外和俄语系的发展贡献一份力量。"

（二）英语人的接续

1959年左右，社会主义革命和社会主义建设日益发展，文化教育必须紧紧跟上，这是客观要求。此时，我校经四川省人民委员会批准改为四川外语学院，增设英语专业，1959年英语系成立，英语专业也从1959年开始招收和培养本科学生。曾祥禄、樊德芬和林长荣参与了英语系的筹建工作。英语系成立时调来了一批英语教师，如骆永殿、张天福、卢瑞之等，还有一些从重庆大学调来的老师。为解决师资紧缺的问题，1959年，学校选派英语系的王世垣到北京外国语学院英语系、马笃权到上海外国语学院英语系、陈祖珍到南京大学外文系、曾祥禄到复旦大学外语系、林长荣到西南师范学院外语系（后又去北京外国语学院英语系）学习。通过1~2年的进修学习，他们的专业水平有了很大的提高，回校后分别担任了各年级的教学和行政工作，成为英语系第一代师资力量。学校自己培养的首批英语教师包括蓝仁哲、李建德、刘政泽、何道宽、郭家铨。

一代代川外英语教师言传身教，因材施教，殚精竭虑，他们的一言一行、一举一动都给学子们留下了终身的教益。现任学校校长董洪川在《川外，我的精神家园》一文中回忆道："20世纪80年代，我有幸来到川外攻读硕士学位，迄今已过去30多年，我也从一个20出头的青年学生进入了知天

图2-6 学校培养的首批英语教师

命的年轮。如今的川外已经发生了翻天覆地的变化，而母校的精神却永远地注入了我的灵魂深处。当年为我们执鞭授课的恩师蓝仁哲、王世垣、牟绪典、何道宽、许力生等先生早已离开三尺讲台，蓝先生还不幸辞世，但是他们当年在课堂上带领我们读名篇、析经典、论翻译的生动情形还历历在目。一切仿佛就在昨天。从他们身上，我领悟到了做人之道、学术之范。每一位先生都有自己独特的教学风格。蓝师教授（教授美国戏剧），他总是表情严肃，教学一丝不苟。每次下课前总会提出下次课程内容的多个问题，让我们准备回答。牟师教授翻译，他知识渊博，被称为'川外词典'！每次课前都是从《人民日报》《光明日报》报刊里摘选一些文章让我们先做翻译。上课时他会一刻不停地读自己的翻译，让我们与自己的翻译比对。偶尔会抬头问：'这都不会译啊，还是研究生。'王师教授英美散文名篇，他总是不瘟不火，绵里藏针，授课英文地道，讲解细致，常常陶醉于文章的世界里，我们

也云里雾里，不知老师何故有如此之问。尽管教风不同，性格也各异，但先生们都谦恭宽厚、治学严谨、爱校敬业、细雨润物！毕业多年后，恩师们的人格力量一直是推动我前行的精神原动力。研究生毕业后我离开了川外，去了其他高校任教，后来又去了四川大学、北京师范大学、英国诺丁汉大学等高校求学，但是，我的学术研究是从川外开始的。川外的恩师们为我打下了比较扎实的学术基本功。记得我发表的第一篇学术论文就是在川外读书时的课程论文，经过郭家铨老师和蓝仁哲老师反复修改，推荐刊印在《四川外语学院学报》上。……踏进川外门，一生川外人。每次回到学校，总是感到格外亲切、格外温暖。母校五十周年校庆时，我回来参加庆典，在三花路上碰见老院长群懿教授，他居然一口叫出了我的名字，真让我感动不已。川外学子对母校总有一种无法割舍的依恋。"

可以说，正是在川外英语系求学期间被恩师们专心治学、敬业爱生的精神所感动，董洪川放弃了留京任教的机会，选择回到母校，贡献自己的才学，完成自己的梦想。

英语系1975级校友、曾担任西南民族大学外国语学校院长的王向东在《川外优良教风学子铭记心中》一文中回忆道："在川外求学期间，有许许多多优秀的人民教师教育、培养过我们，他们言传身教、因材施教、殚精竭虑，他们的一言一行、一举一动给学子们留下了终身的教益，我们没齿不忘：陈联科老师是我们学习、掌握英语语言知识的真正的启蒙导师。她在教学过程之中，要求严格、精心爱护学生，尽心尽力，尽职尽责，不厌其烦，从语音语调到语法结构，从单词短语到句子课文，悉心指导，领读、解读、纠正，不让一个学生掉队。我们深深感到陈联科老师是人民教师的优秀典范。李明远老师讲授的是英语精读课。他身正为范，教学严谨，备课认真，把握节奏，字正腔圆，深入浅出，讲授清楚，紧扣课文，不蔓不枝。记得一次，班上开展活动，特邀李老师来教唱《国际歌》。白天大家都忙，晚上李老师逐句逐段教唱，一遍又一遍，连唱了几个晚上，直到唱会为止。后来我们将此歌在学校礼堂上演唱，获得了师生的一致好评。张坚珍老师漂亮妩媚，声音甜美，和蔼可亲，形象气质俱佳。她上课时，总是面带微笑。她的发音清晰，纯正地道，耐心细致，反反复复领读、抽读、纠正，从音标到单词，从短语到句子，一个一个地教，并指出英汉语发音的差异。她受到了学生们的喜爱与尊重。牛抗生老师讲授精读课。他自信心强，性情豪放，笑声朗朗，博览群书，精心备课；上英语课，语言流畅，语速较快，层次分明，旁征博引，说理透彻；批改作业，要求严格，打分公允。课后，他还指导学生阅读世界名著。学生们认为，牛老师有真才实学，知识广博。他的表率作用极大地激励了我们刻苦读书。牟绪典老师讲授英美概况课程。他本是俄语专业的，但是英语水平非常高，授课信息量之大，知识涉及面之广，讲课速度之快，学生紧追不舍，传为佳话。当讲到华彩部分，他会开怀大笑，学生们也和他齐声欢笑。他渊博的学识和绘声绘色的讲课风采，征服了所有学生。牟老师的音容笑貌、豁达开朗、求真务实、勇攀学术高峰的大无畏精神，永远铭刻在学生心中。马笃权老师讲授精读课。马老师一派学究气，温文儒雅，文质彬彬，谨言慎行，看似不苟言笑，而他讲课时风趣幽默，功底深厚，通古博今，有根有据。学生都很佩服、敬重他。陈于忠老师讲授英语口语课。每次上课，陈老师会为学生准备各种各样的学习材料，精神可嘉。上课时，他尽力把学生教会，直到学生会背会说，学以致用。口语课程的内容涉及外事工作的方方面面，单词、短语较多，让我们深深地明白，外语学习并非易事，任重道远。他爱岗敬业，尽心尽责，使我们受益匪浅。蓝任哲老师的一次学术讲座，我们认识了他。讲座的题目是《莎士比亚舞台艺术》。当时学生对外国文学、外国文化知之甚少。蓝老师的讲座内容丰富，层层递进，条分缕析，精彩纷呈，高潮迭起。他的学识、见解、博学以及高超的讲座技巧给学生留下了极其深刻的印象，引导了学生对外国文学进行深入学习研究。谭少青老师当时主持并参与学校翻译联合国资料的工作。他讲座中的例句翔实、典型、奇异。本人从学习英语以来，聆听过无数次的学术讲座，记得最牢的就是谭老师的讲座。他那坚实的学术功底、崇高的学术探索精神引领着我们孜孜不倦地奋斗。邹抚民老师当年年逾六十，没有任课。在一年级的时候，他每周到班上义务辅导几次，听听学生的英语语音、语调。他本人声音略带沙哑，但他一遍又一遍带读、纠正，直到学生读准为止。每每想到邹老师，我们就会领悟到无私奉献、大爱无疆、大德无言……还有许许多多川外老师，他们在教育教学科研工作中，为国为民，教书育人，呕心沥血，上下求索，砥砺前行，甘于奉献，功德无量。"

董洪川、祝朝伟、王仁强这样的川外英语人，他们继承老一辈教师敬业爱校的光荣传统，既是川外英语专业培养的优秀人才，又是专业改革发展的促进者、建设者，更是川外英语专业辉煌成就的见证者、贡献者。

（三）法语人的坚守

20世纪60年代中国与法国建交后，国家需要一大批从事外事、外贸和科教的法语人才。川外法语专业的筹建始于1956年。叶叔良、萧子风两位教授担当起了筹建重任。1960年川外增设四年制法语专业并招生，叶叔良任法语教研室主任，隶属英语系。叶叔良、萧子风、邓静娴、林春山、吴怀刚、陈义福、裴灌尘、沈豪、陆丙安、吴伯均等老一辈的开拓者们呕心沥血、辛勤耕耘为法语专业的创立和发展付出了毕生的精力，作出了重大贡献。

谈到当年创业的艰辛，萧子风教授之子萧建民在《回忆父亲》一文中写道："1960年法语专业正式对外招生，首批学生25人。叶叔良、萧子风、邓静娴、陈义福、宋玉生五人组成的法语教研室承担起了全部教学任务。创业时期，生活、工作条件极差，图书馆资料奇缺、外语广播禁止收听、全系仅有的一台台式录音机也只有上听音课时才能让同学们见识体会一下。但老师们精心备课、一丝不苟、认真负责、耐心辅导的情景让同学们永世难忘。为了弥补硬件教学设备的不足，老师们千方百计地提高教学质量，增加学生的练习强度。每天上课五分钟的听写训练、不定期的听写比赛、每月一次的口语晚会，让每个同学都有锻炼的机会。老师们尽可能地营造良好的外语氛围，个个以身作则，给同学们示范，叶叔良、萧子风、裴灌尘、沈豪、林春山作为指导老师都是学生口语活动的积极参与者。老师们不分课内课外、一心一意教育培养学生外语能力的敬业作风深深感染了60年代的法语学子，对他们今后工作、做人都产生了深远的影响。"

法语专业退休教师张良春在《创业路上的开拓者们》一

文中回忆道："这些创业路上的开拓者们，每个人都有着曲折坎坷而又不同凡响的经历，都有着各自鲜明的个性和独特的魅力，每个人都在各自不同的教学岗位上作出了特殊的贡献。记住他们的不凡业绩，怀念他们诲人不倦的奉献精神、学习他们严谨求实的治学作风，不能不说是我们这些60年代的法语学子们的分内之事。"

叶叔良教授一方面要组织法语教学、编写教材，亲自为法语1960级上精读课，另一方面要四处延揽物色法语教师，为专业发展提供人力资源保证。在他的积极张罗下，川外从贵州引进了林春山、陆丙安老师，从东北引进了裴灌尘老师，从邮电部找来了吴怀刚老师，从北碚农村延聘了吴伯均老师。法语专业在他的领导下，很快就得到了快速发展。叶教授为川外的建设呕心沥血，为专业发展作出了巨大贡献，在川外法语人的心中树立了永不磨灭的丰碑。

时至今日，20世纪60年代的川外法语毕业生都对叶叔良教授的师德师风念念不忘。1962级学生、后留校任教的刘盛仪在题为《善教者使人继其志——怀念恩师叶叔良教授》的回忆文章中再现了叶老师教书育人的学者风范："他总是面带微笑随着铃声走上讲台，彬彬有礼地回敬学生的问候，教室里顿时鸦雀无声。那时他年富力强，精力充沛，上课充满激情。他嗓音浑厚洪亮，讲解清晰，逻辑性强，语言精确且富感染力。时而高亢激昂，侃侃而谈；时而低沉舒缓，娓娓道来。他用娴熟流利的法语和丰厚的东西方文化积淀，将知识的传授臻于精熟的境界。教室里座无虚席，或全神贯注聆听，或争先恐后发言，他的课像吸铁石般紧扣住学生们的心。"

毕业后刘盛仪留校任教，有幸继续接受叶老师的教导。

她回忆道："我和系上几乎所有青年教师一样，经常出入他家，上门求教。他指导我们备课、上课、写教案、出题阅卷、编写教材，毫无保留地将他的知识和经验传授给我们。记得在我第一次走上讲台之前，他对我说：'无论上什么课，新课还是旧课，高年级还是低年级，都要认真备课，认真写教案，讲七分，要备十分，留三分以备补充或回答学生提问。'谆谆教诲，受益匪浅！在以后几十年教师生涯中，我一直保持着这个习惯。在那个尘封的年代，信息闭塞，参考资料奇缺，老教师们的指教显得尤为重要。叶老师对我们总是有问必答，百问不厌，他答疑快捷准确，被誉为'活字典'，偶尔有把握不准的，事后总会写在纸条上托人或亲自面交我们。他还借助英语查阅资料，替我们排忧解难。他治学严谨、思维敏捷、记忆超群，赢得了师生的啧啧称赞。"

萧子风老师待人热情诚恳，上课认真负责，对同学体贴耐心，有问必答，不厌其烦，诲人不倦，课后更是处处鼓励学生讲法语，是学生口语活动的主要倡导者。他和林春山老师都是业余时间接触学生最

图2-7 叶叔良教授和首届留校的法语教师合影
川外法语专业的元老教授叶叔良（前排右起第一人）和本专业第一届、第二届毕业留校任教工作的几位教学工作人员（后排左起：1胡宗荣，川外送北外培养毕业回校任教；2周久如，后调到北京；3柏令茂；4姜榜文；5杜才良，后移居法国。前排右起：2朱国群；3张翠兰，后移居日本，以及叶老师幼子叶绪新）1966年春在北温泉公园留影

多、与学生关系最融洽的老师。有的学生毕业离校后，还同萧子风老师一直保持联系，书信往来不断，师生情谊笃深。即便在退休以后，萧子风老师仍然热心辅导学生学习法语，给法语学子们留下了深刻的印象。川外原党委副书记张云亭同志充分肯定了萧子风教授所作的贡献，他曾代表学校高度评价道："萧子风教授坚持真理、治学严谨、知识渊博、为人耿直、待人热情、关心青年、生活简朴、严格要求子女，对党，对祖国一片赤诚，是我院老一辈知识分子的优秀代表。"

再如，刘盛仪老师回忆："林春山老师是柬埔寨华侨，抗战爆发后，回国参加抗战，先后当过店员、小学老师，新中国成立后考入北京大学西语系法语专业，1962年来到川外法语专业任教。林老师酷爱文学、擅长书法。他终生未婚，把教育当成自己一生的寄托，把学生当成自己的亲人，倾注了全部的爱。他是我们三年级的精读课教师。他上课时总是激情洋溢、声音洪亮、字字句句都传递出他对法兰西文明的真知灼见。他那极富感染力的讲解总能牢牢抓住学生。他对学生的满腔热血、他真诚无私的奉献精神、耐心辅导学生、义务指导学生练习书法的动人情景，至今仍是60年代法语学生难以忘怀的热门话题。裴灌尘老师，浙江杭州人。17岁考入上海震旦大学法律系，毕业后便被分配在北京人民法院工作。他一生坎坷，年纪轻轻就被打成'右派'，被送到北大荒去劳动改造。1962年到川外后，他倍加珍惜，全身心地扑在工作上。他是我们二年级的精读课教师。他知识渊博、才华横溢，上课时一丝不苟、严肃认真。他一口流利的法语让同学们佩服不已，讲起课来异常生动。他在口语晚会上，极富表演天赋的朗诵，更是让人拍手叫好、精彩绝伦。"

正因为有这样一批批良师，川外法语专业人才辈出，其中冯光荣、李克勇先后任川外院长、校长，成为学校发展建设的重要力量。

李克勇是恢复高考以后川外第一届法语专业学生，毕业以后就留校，1997年1月至1999年4月担任四川外语学院法语系系主任。1999年4月至2001年9月担任四川外语学院院长助理兼教务处处长。2001年9月至2003年9月担任四川外语学院副院长。2003年9月至2013年4月担任四川外语学院院长。2013年4月至2020年1月担任四川外国语大学校长。他在任期间，为学校的教育国际化和中法文化交流作出了重要贡献，也是学校申博、更名等重要历史事件的见证者。因在推动中法文化交流和促进中法友好关系中作出的杰出贡献，他于2007年获得法国政府颁发的法兰西金棕榈骑士勋章。2014年，因在传播法国语言文化及中法合作与交流中作出突出贡献，他又被法国政府授予法兰西国家功绩军官勋章。

作为川外法语专业的传承人，他曾在《生命如河，岁月如歌——读〈无尽怀念的岁月〉有感》一文中写道："川外精神就是这样在老一代川外人长期创业育人的艰辛实践中积淀和传承的。母校几十年积淀的深厚文化底蕴和校训中传承的文化精神不断影响着一代代川外人立足教学、立足教书育人，我想这也是我们的学校60年不断发展前进的重要原因之一。读到这些文章，我仿佛又回到学生时代，坐在教室聆听他们的谆谆教诲。我要感谢他们的培养，是他们的言传身教，使我成为一名合格的人民教师。为本书作序的是我校的老院长，也是我的法语启蒙老师之一冯光荣。记得冯老师教我们翻译的第一句名言是'忘记过去就意味着背叛'。阅读本书，不仅让我们饮水思源，更能启示和让我们感慨今天的川外来之不易，应倍加珍惜。它激励我们在铭记历史的时候，更要放眼未来。它激励着我们迎难而上，奋发努力，勇往直前，为民族振兴、国家富强而不懈努力！我们每一位川外人都应该牢记学校艰苦奋斗的创业史，发扬老一辈川外人团结、勤奋、严谨、求实的作风。接过前辈的接力棒继续为川外的发展鞠躬尽瘁！"

（四）德语人的坚持

川外德语专业成立于1960年，是我国历史最悠久、底蕴最深厚、本硕博培养层次最齐全的老牌德语专业之一。1960年秋，李广牧、李曼娜和赵天锡奉调来学校筹建德语教研室，随后学校先后从南京大学调朱雁冰、杨武能和汪沂来任教。1961年，学校增设四年制德语专业并开始招生，隶属英语系，1964年5月德语专业与法语专业合并成立法德语系。1985年，学校成立德语系。

回顾川外德语专业的历史，不得不提到改革开放以后国内外语界召开的第一个大型国际学术会议"席勒与中国·中国与席勒"，这次会议正是1985年3月在川外召开的。这次国际会议受到了中德两国有关领导的支持，联邦德国外交部给予了赞助。中共中央候补委员，中国作家协会副主席，中国社会科学院副院长，著名学者、作家钱锺书教授及中国作家协会副主席、外国文学学会会长冯至教授分别发来了贺电、贺词及贺信。参加会议的联邦德国学者有15名、中国学者有35名。

传记文学作家、学校原社科部退休教授郭久麟在《忆"席勒与中国·中国与席勒"国际学术讨论会》中回忆道："3

月25日，来自联邦德国和国内各地的参会者60余人步入会场。会议发起者之一的四川外语学院副院长杨武能副教授主持了会议。他用了流畅的德语和汉语，宣布大会开始。四川外语学院院长群懿教授致开幕词，对来自联邦德国和国内各地的学者专家表示热诚的欢迎。他说：'中德两个民族都是伟大的民族，中德两国人民都曾经为人类的进步作出过卓越的贡献，中国和德国都曾培育了整个人类为之感到自豪的优秀儿女。无论是歌德还是席勒，也无论是杜甫还是李白，他们的思想都是全人类共同的精神财富，都受到我们同样的珍视。今天在这里举行的讨论会，就是有力的证明。'"这次会议的发起者和组织者，是四川外语学院的杨武能副教授、德语系系主任朱雁冰副教授和德语系副主任汪沂教授。

朱雁冰教授是川外德语专业的奠基人之一，曾担任全国高等学校外语专业教材编审委员会德语组委员、教育部高等学校外国语言文学类专业教学指导委员会德语组委员、国际日耳曼学会（IVG）会员，先后担任川外法德系主任、德语系主任。朱雁冰教授在德语教学科研一线工作30余年，教学认真，教学效果好，深受学生爱戴。他一生视学术研究为生命，教学科研成果突出，译著百余万字，对中国哲学（尤其是孔子的思想）的研究具有深厚的功底，在西方哲学、德语文学研究和翻译方面都有相当的造诣，是中华人民共和国成立后第一代日耳曼学者中的杰出代表人物之一。

朱雁冰教授一生淡泊名利，为人谦虚正直，治学严谨，为学校的教学、科研及人才培养作出了重要贡献，为川外德语专业的创立和发展作出了不可磨灭的贡献。

朱雁冰教授曾经在《记忆川外：口述校史》（第一辑）中

图2-8 德语首届学生（1961级）看望朱雁冰教授（左三）（2018年，重庆）

回忆了德语专业第一届学生："那班有20人。这一班的同学他们也幸运，分工作都分配得很好，个个都是中央各个部的。两个女同学李承言和王满玲留校。后来留校的有冯亚琳。他们都是后来留的，成绩最好的就是亚琳。她算是公开招生学员的第一批学生，我们去西安招生，是杨武能老师和我一起去招的。"

在朱雁冰眼中，学生冯亚琳"青出于蓝而胜于蓝""我觉得亚琳比我要做得好，我当时只是一个嘴巴讲，讲课也没有其他手段，也没有更多的资料。我就一般地上课。在外语教学这一点上，综合性大学出身的与外语学校出身的完全不同。外语学校就主张用外语讲课，我就不主张外语讲课。我主张把外语吃透，全部语言、语法、词汇全部吃透以及同义词的语言色彩，这些都要讲清楚。"

2020年3月2日，朱雁冰教授去世。德语系1977级校友、德语系原副系主任、西南交通大学教授林克撰文回忆朱雁冰教授："我曾经问过朱老师，一天能译多少文字。回答是日均1800字左右。这令我吃惊。朱老师那年77岁了，这种文章让年富力强的我来译，每天至多千字。我猜想，朱老师怕是像康德老夫子那样生活的吧。不，应该说像康德那样工作。对朱师来说，活着，简单生活的每件事情都只是为了工作。像这样几乎从不旷工，日复一日，年复一年，几十年如一日地爬格子，别人以为枯燥又辛苦，他一定反倒觉得'巴适又安逸'，乐在其中，叫他当皇帝也舍不得换的。我断定，朱老师几乎没有什么业余爱好，不抽烟，不打牌，不玩乐；不琴棋书画，不游山玩水；不吃酒；有时听听音乐，但无此也可。因颇清高而不喜与人交往，各种聚会一般都谢绝。朱老师退休之前已出过好几本书。他六十至七十岁左右应该是相当稳定的译著高峰期，量大且质优，令人羡慕。此后随着精力的衰退，效率和效果自然也可能赶不上从前了。但直到临终之前，他还在赶译商务印书馆委托的一部专著的收尾。正是凭着这种'工作，除了工作还是工作'（里尔克的座右铭）的敬业精神，他给后世留下了上千万字译文，好几十部厚实的、难以企及的辉煌译著。我个人认为，在国内学术经典翻译这个行当中，朱老师堪称巨匠。朱老师一生都在埋头实干，淡泊名利，没有搞过项目，没有拿过一个奖，没有得过什么称号，甚至连硕导都不是。任何荣誉都跟他不沾边，生前近乎默默无闻。但在此我敢断言，随着时间的推移，当现在的许多名人渐渐淡出人们的视线之时，朱老师则定会逆袭时间定律，声誉日隆。他译的书还会有人读，哪怕五十年之后，一百年之后。那时的人们，他未来的读者们，一定会追忆他，纪念他，感谢他！"

正如朱雁冰教授自己的评价："做老师就是老老实实把学生教好，尽心尽力为国家培养人才。最后还是看谁读书多，

图2-9 刁承俊教授在家中

而不是看谁会讲话，之所以能够应付任何场合，就是因为我还喜欢读书。"

刁承俊教授1962年起开始从事德语教学工作，在川外任教38年，在德语教学科研一线工作40余年，曾担任德语系主任。刁承俊教授在德语语言教学、德语文学研究方面很有造诣，一直教授高年级德国文学史、德语翻译等课程，教学效果好，深受学生欢迎。刁承俊教授科研能力强，出版译著二十几部，500多万字，先后参加《德汉词典》和全国哲学社会科学"八五"规划重点项目《欧洲文学史》的编写工作，发表论文二十几篇，曾被学校评为先进工作者、教书育人积极分子、优秀教职工。刁承俊教授治学严谨，注重为人师表、教书育人，为学校的教学、科研及德语人才培养作出了重要贡献。

他在《记忆川外：口述校史》（第一辑）中回忆刚到德语系时的情形："德语系当时有杨武能、朱雁冰、汪沂、任盛政、张瑞成、王满玲、李承言、刘德幸，大概十来个人。德语是1961年招生的，第一届毕业生就是李承言、王满玲、张烈才、周国丽这些人，当时呢他们这些因为刚毕业嘛，就让他们进修，有几个没有上课。当时师资力量比较紧张，所以我一来以后让我熟悉一下情况，马上让我上课。当时德语法语还是比较稀少，当时是保密专业。当时有四个班，一个年级一个班，一个班最少十八个，最多三十一个学生。整个专业近百人。"

据他回忆，20世纪80年代川外的学术氛围还是比较活跃的。"当时德语文学先恢复起来，朱雁冰老师就说，咱们德语有这个条件，先把德语文学搞起来，所以德语就开先河搞讲座。当时德语讲座是我们自己搞，一学期搞个十来次，1984年9月到1985年2月举办讲座六次，当时我有记载。在川外我讲了好几次，全院性的。从《少年维特的烦恼》到《少年维特的新烦恼》。《少年维特的新烦恼》是我翻译的中篇小说。1987年，川外和北大部分德语教师应邀去奥地利进行学术交流。"

刁承俊教授为漓江出版社翻译的格拉斯代表作《狗年月》于1999年4月出版。1999年9月30日，君特·格拉斯获得诺贝尔文学奖后，文汇报立即跟刁承俊教授约稿介绍这部作品。1999年12月，他还参加了中央电视台一套节目"读书时间"对《狗年月》的专题介绍。凡是推介川外的学术活动，刁承俊教授都尽心尽力地参与。"'作文先做人。'我一辈子都是以这个来要求自己、鞭策自己的，看自己做到没有？如果没有做到我就尽量去做，就这样一步一个脚印，踏踏实实过来的。如果不这样的话，学不到东西。"他这样评价自己。

冯亚琳是川外德语系1973级学生，毕业后留校任教。早在20世纪80年代初，冯亚琳已经远赴德国攻读硕士学位。据她回忆，当时在德国的大都市法兰克福，算上她也仅有四个中国留学生。学成之后，其中三人选择留在德国发展，只有她一人回了国。1990年，在家人的支持下，冯亚琳二度出国自费攻读博士学位，依依不舍地离开了当时仅4岁的女儿。或许是太想早点学成回国与家人团聚，冯亚琳在德国半工半读

图2-10 德语专业1973级学生在遵义实习合影（前排右一）为冯亚琳

的条件下，竟只用了短短三年半的时间就拿到了博士学位，博士论文得了"优"，博士答辩更是拿到了极为罕见的"极优"，学成归国。

回到川外之后，冯亚琳成了川外德语系的骨干教师，与她的两位老师——朱雁冰教授和刁承俊教授共同挑起了德语系的大梁。1995年，川外申请德语硕士点。1997年，德语文学专业招收第一批硕士研究生，但此时朱雁冰教授已经退休，她肩上的担子更重了。如今的冯老师自然是德语文学界的大咖，但鲜为人知的是，由于历史原因，她的博士论文其实无关德语文学，而是关于教学法的，这也让她在面对第一届德语文学硕士研究生时心怀忐忑。关键时刻，朱雁冰教授的一句"那有什么难的！"给了冯亚琳莫大的信心和勇气。

冯亚琳治学严谨，一丝不苟。学生的每一篇论文，她都戴着眼镜一个词一个词地改，连标点符号都看得非常仔细。课堂内外，不论是不是她指导的学生，只要有疑问去找她，她都愿意答疑解惑、指点迷津。她还根据不同学生的不同能力和兴趣，为他们规划学术道路，给他们创造各种学习机会和条件。

　　冯亚琳和她的老师朱雁冰、刁承俊一样淡泊名利。从2005起，她在《文学之路》国际学术研讨会和其他国内外学术会议上做过无数次的主旨报告，但从不以前辈的身份自居。她说，于她而言，这一切不过都是"干活儿"，和以前在老家"干活儿"没什么两样。2009年，冯亚琳辞去了德语系主任的职务，专心于教学和学术研究。面对学生，她经常说："我就是来陪伴大家读书的。"一句简单的"陪伴"，她数年如一日坚持到现在。如今，年逾七旬的冯亚琳至今仍活跃在德语专业的教学一线，带着博士生和硕士生，也频频出现在国内外有关德语文学的各种研讨会上，为推动德语学科的建设不遗余力。她是川外德语系的大家长，也是当今中国德语文学界的泰斗级人物。她桃李满天下，获得的荣誉不胜枚举，出版的学术专著、主持的研究项目、发表的学术论文数量更是令后生晚辈望尘莫及。从2004年至今，她为川外德语系培养出了9名硕士生导师，输送到全国乃至全球各地的德语人才更是难以计数。她关心爱护每一位学生，将他们培养成学界精英；她毕生致力于推动德语文学学科的发展壮大，不辞辛劳，不计回报。

（五）日语人的传承

　　20世纪70年代初，由于中日邦交恢复正常化，两国间的交往逐年增多，日语专业人才的需求日益增大。1973年，在学校领导的支持下，陈桂钧、王廷凯等人开始积极筹划开办日语专业。不久，学校归属于四川省教育厅高教局管理，经多方努力后同意学校试办日语专业。经过一年多的准备，1975年川外正式开设日语专业并招生，从全国各地招收25名学生。

日语专业创建之初，师资极为缺乏，专业课老师只有陈桂钧、王廷凯和杨霞斐三位。临首届学生毕业那年新进了三名四川大学的毕业生和年轻时在东北学习过日语的陈竟老师，充实了师资队伍。1976年，日语专业招收了第二批学生，但由于师资紧缺、教学设备与教学手段相对不足，首届学生原定三年的学制被缩短为两年半。1977年12月，日语专业首届学生毕业离校，遵循"哪里来哪里去"的原则，奔赴祖国各地，在新岗位发光发热。

日语专业创始人之一王廷凯虽然原本是俄语教师，但他在东北出生，当时东北被日本占领，他从小学就开始学日语。1966年前后，他购买日语语法教材自学，恢复了日语的学习。他在《记忆川外：口述校史》（第一辑）中回忆道："陈桂钧老师才是创建日语系的元老。筹建日语系，他花费了很多心血。伪满时期，我读小学，他读中学，所以他比我高几级，日语他比我强，也一直都在学。日语的材料是我们俩翻译，俄语是交给我翻。第一学期，杨霞斐上精读，我上语法和辅导，第二学期陈桂钧老师上听音，就这样我们三个人将1975级教完了之后，从第五学期联系到武汉一工地，安排1975级学生到一个日本工厂去实习。那时候刘宝中和朱太明来了，都是川大分来的，就让他们带着这批学生去实习，他们出去实习了，1976级也进来了。我三个人又去教1976级了。当时在印刷厂的楼上上课，也听不到铃声，杨霞斐在前面上课，我坐在后边，到下课的时候了，我举一下手，她就知道该下课了。休息十分钟，她又把学生再叫回来上课。后来研究生来了，又在山字楼上课，几处教室没在一起。1976级在现在保卫处那里上课，当时上课的地点很分散。1975级虽然只学了两年半，但受到外面评价还不错。"

当时学校找日语教师非常困难。为了找一个教师，陈桂钧和王廷凯曾从昆明坐三天汽车到云南临沧市找一个叫杨水兴的台湾同胞。这个人当时是跟一个台湾的部队过来的，后转到了云南临沧。他们找到他，他也同意，但最后上级没批准，说他不能进大城市。后来找了六七名伪满时期的大学生，但由于他们长期没有从事日语工作，也无法承担教学任务。他们通过各种关系寻找日籍人士，后来田智惠就调到了川外。

1979年，日语专业开始招收研究生，请到日本专家石川一成、黄瀛。黄瀛教文学史和近代文学；其他的精读课都由石川来教。王廷凯回忆，日语系师资的根本改变是从1975级毕业开始的，当时1976级有三人，就是张军建、晋学新、姚继中考上了研究生，再加上王敏，另外还有几个东北招来的研究生，这批研究生是两年制，他们毕业之后，有四个人留校。另外1982年1977级本科毕业生也有5人留校，到1983年日语

图2-11 日语系首届教师合影

系师资的面貌才得到真正改变，教师能力也比较强了。留校的4名研究生和5名本科生，这9人再加上原来的一批能力比较强的骨干老师，彻底改变了日语系的师资面貌。

黄瀛教授是川外的标志性人物，也是一代又一代日语系学子的共同记忆。在川外任职期间，黄教授主要承担日语专业硕士研究生的教学工作，长年为学生讲授日本近代文学、日本文学史等专业主干课程。在黄瀛教授的悉心指导下，先后有20多名研究生完成学业，从川外日语专业顺利毕业。即便在晚年退休之后，黄教授还经常不辞辛苦，爬楼梯来到当年位于培英楼7楼的日语系教室旁听授课、看望学生。对于这样一位热爱日语教育事业、对学生关怀备至的老人，川外日语系的历届学生都亲热地称他为"黄爷爷"。除此以外，黄瀛教授还长期致力于中日友好事业，利用自己在国内外的各种人脉资源，积极为日语专业牵线搭桥，不仅提升了川外日语系的知名度，还为重庆市文艺界与日本的合作和交流作出了重要贡献。

一代代日语学子从川外走向世界，他们对日语系老师们爱岗敬业、循循善诱的回忆却从未褪色。

图2-12 黄瀛教授和研究生弟子合影
前排黄芳（左二）、杨伟（左三）、代红（右二）、王雯（右一）后排武继平（左一）、宋再新（右一）

日语系1980级毕业生回忆："应骥老师教一年级精读，非常耐心。陈夯老师经常半夜收录日本NHK的新闻报道，自编材料，给我们训练听力。范乃仁老师表现了女性特有的亲切，一遍一遍让我们模仿朗读，我们得益匪浅。罗国忠、先世和老师全部使用日语上课，使我们的日语水平有了质的提升。杨洪鉴老师知识渊博，讲解详尽。杨霞斐老师的日语发音纯正，温柔耐心地教导我们。余瑜老师讲日本概况，对相关知识之掌握达到准确无误的程度，尤其是魏碑风格的板书，令人羡慕。王廷凯老师是日语系的副主任，总是笑容可掬，没有架子。晋学新老师的课，注重学术，一定程度上弥补了同学们在学问上的不足。黄瀛教授常常到教室指导、鼓励我们。日本外教冈田实老师知识丰富，教学水平高，教会我们欣赏日本文学，学写俳句、日语诗歌等等。他还亲自为我们刻字印刷毕业纪念文集，现在想起来都让我感动不已。森崎佳子、福屋正修、菊池鲜等老师不但教授知识，还和蔼可亲，和同学们交往密切，我们的日语会话水平提高很快。虽然我毕业30多年了，可老师们的音容笑貌历历在目，他们严谨的治学态度，使我终身受益。"

川外日语专业第一届研究生姚继中毕业后留校任教40载，如今已是学校资深教授。他在黄瀛教授等的影响下，多次婉拒了其他条件更好的高校的邀约，无悔地选择坚守川外倾心育人、潜心科研，培养的学生遍布海内外。他说："我在川外待了这么年了，我参与了川外日语这个专业的建设、成长，我很熟悉川外。我喜欢待在这。以前我是川外的学生，现在我是川外的老师，我觉得我在传承，我的老师把知识传授给我了，我再传给我的学生。而且，我和我的学生们还有些同样的身份，我们是校友啊！我不仅是他们的老师，还是他们的老学长，我觉得和他们更亲切了。每每谈起川外，我就跟学生有很多话讲。川外是我的摇篮，更是我的沃土，我永远也不会离开。"

黄瀛教授曾经的学生、如今已是日语学院院长的黄芳在"七十周年校庆云访谈"中讲道："我是川外日语系1985级的学生，在川外读书7年，留校后在日语系教书28年，共35年，占据了我人生的三分之二，我也见证了川外一半的发展历史，可以说是一生川外人、一世川外情，因此对我们川外的校风很有感触。我所在的日语系今年也建系四十五周年，当我作为日语系第6任系主任，从日语系建系第一任主任陈桂钧教授手里接过他那些手抄本的教学管理文档时，我感到了肩上的责任重大。我在日语系本身也是一个传承般的存在，比我岁数大的都是我的老师，比我小的都是我的学生，很多老一辈的教师已经退休。为了迎接七十周年校庆，我提议将日语系办学45年的系史加以整理，先后推出94篇微信推文，整个日语系在职教职工、在校学生、毕业系友、离退休教师都在参与，通过这次活动，体现了我们校风中说的团结勤奋、严谨求实的精神，这就是川外精神。这种精神从西南军政大学开始便一直传承，相信将来也会被川外学子发扬光大。"

这两个领域的故事，两种精神的传承，尤其生动地诠释了川外人敬业拼搏、始终坚守岗位、艰苦奋斗的优良作风。川外精神就是这样在老一代川外人长期创业育人的艰苦实践中发扬和传承的，并且积淀为深厚的精神文化底蕴，不断影响着一代代川外人坚持为党育人、为国育才。

校史是一种独特的文化育人资源，爱岗敬业、艰苦奋斗的校史精神积淀，除了在川外教职工身上一代代传承，成为推动学校建设发展的重要精神力量，同时，它还通过教师的榜样引领和示范作用，潜移默化地成为川外学子的精神烙印。随着其人生阅历的丰富，进一步固化为爱国、敬业这样的公民基本道德规范，由个体而至群体，最终转化为推动全社会精神文明、社会文明进步的价值准则和精神力量。

一要凝聚文化认同，激发爱国荣校精神。川外学子在爱岗敬业、艰苦奋斗的师德师风朗照下成长成才，老师们成为他们成长道路上的生动教材，潜移默化地帮助大学生树立正确的价值观。这是一代代校友共同的川外记忆，更是凝聚川外人爱校荣校的文化认同的情感脉络。川外学子对老师们的由衷敬佩和爱戴，不仅在他们离校后成为与母校相连的深刻记忆，更能激发他们以爱校荣校之感，关心母校的建设发展，与母校发展荣辱与共。这种爱校荣校之情也嵌入时代发展的大背景中，与祖国的发展同频共振，从而在他们的人生历程中转化为立足岗位、努力报国的奋斗之志。在当代青年的成长过程中，只有他们内心深处铸牢爱国主义精神，肩负起建设繁荣祖国的重担，树立起责任担当意识，怀有崇高理想和坚定信念，才有能力去创造、去拼搏、去完成时代赋予的光荣使命。

二要端正价值导向，发挥榜样引领作用。传承和弘扬榜样精神是高校开展思想政治教育的有效途径。榜样精神不仅为大学生树立精神旗帜、提供价值标准，更多是通过榜样精神的力量来涵养大学生成长成才，对于新时代如何更好地发挥榜样精神育人作用和落实立德树人根本任务均具有十分重要的现实意义。[①]

① 张栋敏.榜样精神融入高校思想政治教育研究[D].桂林:桂林电子科技大学,2022.

在多元文化影响的时代,要让青年学子坚定理想信念,端正价值导向,在大学期间接受的文化熏陶非常重要。校史中老师们爱岗敬业、艰苦奋斗的故事,如同"无声的老师",这些榜样身上蕴含的价值观念、理想信念、情感态度等,都得到了川外师生和校友的普遍认同和广泛传播。这是其他文化知识无法替代的思想政治教育活教材。深入挖掘并广泛传播校史故事中川外人爱岗敬业、艰苦奋斗的故事,能激励青年学子向榜样看齐,树立正确的价值导向,规范个人行为,不断为实现中国式现代化的目标而努力奋斗。

三要强化行为塑造,增强责任感培养。当代大学生要成为一名合格的公民,强烈的社会责任感和坚定的主人翁精神二者缺一不可。肩负社会责任的大学生有立场、有抱负,敢挑大梁,爱国是他们的底色,奋斗是他们的动力。怀有主人翁精神的大学生可以明确自己的责任与义务,多一点主动性和创新力,坚定信念、爱岗敬业、艰苦奋斗。从校史故事中挖掘的爱岗敬业、艰苦奋斗的精神资源就像一座明亮的灯塔,引导当代大学生从"躺平""享乐"等消极文化影响中抽离出来,培养他们在工作岗位上孜孜不倦、兢兢业业的工匠精神、奉献精神,帮助他们树立爱岗敬业、劳动光荣的情怀与志向。只有实现对大学生的塑造、教化、培养,才能使他们在全面发展的人生道路上越走越宽、越走越远。

03

第三章

始终坚守『海纳百川学贯中外』的优良品格

跨越时空的"对话"

　　2020年10月23日，川外建校七十周年庆祝活动之一——"对话"雕塑揭幕仪式在太阳广场举行。该雕塑由四川美术学院副院长、雕塑系主任焦兴涛创作，由川外成都学院出资捐建。川外的文化形象也因"对话"雕塑的到来又添一抹靓丽的风采。

　　跨越时空，穿越东西，西方哲学代表柏拉图和东方儒学的创始人孔子在川外相遇、对话。两尊庄严肃穆的雕像伫立在培英楼太阳广场前，正对着记录川外成长的三花路，分立两旁又面向彼此。两位先哲注视着往来于月亮广场和太阳广场的莘莘学子，他们交流着彼此的思想，求知好学的川外学子和翠绿常青的树木围绕着他们，形成了独特的校园文化景观。

　　回溯历史，两位先哲都活跃于社会动荡变革之际。孔子身处礼乐崩坏、天下群雄争霸的"百家争鸣"时期，柏拉图降生于雅典城邦制渐趋衰败的"黄金时代"末期。孔子周游列国、四处碰壁，柏拉图同样辗转多地、屡屡受挫。两位千里马主动找寻伯乐，不惧山高路遥，不辞雨雪风霜，只希望能有一位君王实行他们的政治主张。但结果是双双受挫，铩羽而归。在教育方面，孔子创办私学，柏拉图创建"阿卡德米"（Academy）学校，两人都不约而同地重视教育。

放眼今朝，两位伟大的思想家、东西方文明的两座高峰齐聚川外校园，正映衬了川外的校训——"海纳百川 学贯中外"，通过孔子和柏拉图这两位中西闻名的思想家来展现川外沟通中外、文明互鉴的追求，着力培养能够放眼世界、有中国气魄的学子。适逢世界百年未有之大变局，我辈尤其需要重温先哲的睿语哲思，助力构建人类命运共同体，建设持久和平、普遍安全、共同繁荣、开放包容、清洁美丽的世界。

两位世界范围内公认的先哲，中西方历史上顶尖的思想家、教育家，分别站在东西两端文明的源头，他们的思想对东西方人的世界观产生了深远的影响，同时无可置疑地推动着社会的发展。未来川外也会持续秉持服务西南地区经济社会发展的目标，积极发挥外语资源优势和外语人才优势，为服务国家对外开放战略培育英才，为服务成渝地区双城经济圈建设提供智力支撑。

如今，路过太阳广场，川外师生会被两位先哲的气度和风范所吸引，他们的"对话"展现着川外"海纳百川 学贯中外"的深厚文化底蕴和东西兼容精神。

图3-1 太阳广场"对话"雕塑揭幕仪式合影（2020年10月，川外）

他们的川外"对话"好似一幅美丽的画卷，镶嵌在温馨热闹的太阳广场前，宛如回响在歌乐山的一曲优美旋律凝化而成的永恒绝唱。川外学子通过聆听先哲对话，不断增强中国气魄，从而更加坚定放眼世界的信心。

"海纳百川 学贯中外"是
川外的精神追求

一、"海纳百川 学贯中外"是学校的先天基因

军大传统，薪火相传，从人民军队中走来的川外，一直把二野军大的革命传统作为宝贵的精神财富，一代又一代川外人为民族振兴、国家富强和人民幸福而不懈奋斗，"国家""人民""责任"意识时刻萦绕于心。多年来，学校尽管五迁校址，七经转折（军转地；建"西南俄专"；改"四川外语学院"；"文化大革命"时期复校；改革开放；教育大众化；更名为大学），但矢志不渝，总是把满足国家经济建设和社会发展的需要作为自己的办学目标，并逐渐形成了"海纳百川 学贯中外"的精神追求。

军校时期，俄文大队根据刘华清主任"要群起立志，学好俄文，迎接祖国建设的高潮"的号召，在极其艰苦的环境下为当时的新中国培养了大批急需的俄语人才。

西南俄专时期，根据中华人民共和国高等教育部（简称"高教部"，于1966年7月并入教育部）安排，把"为国家和军队提供高质量的外语师资和翻译人才"作为办学目标，着力

培养高素质的外语专门人才。1958年3月，周恩来总理携李富春和李先念两位副总理来校视察，极大地鼓舞了俄专人，使学校更加认识到自己肩上的责任，以更大的决心和饱满的热情建设优质的外语专门院校。

更名为"四川外语学院"并隶属地方后，学校一方面继续为国家和军队输送人才，另一方面把服务地方建设、为地方培养外语人才视为自己的崇高责任，为重庆和西南地区的对外交流与外语教育作出了重要贡献。

进入改革开放后，学校根据单科性学校已难以适应学科自身发展规律和经济社会发展需求的状况，以高度的责任感和改革精神，开始尝试设立非外语专业。为满足国家和地方对外开放的需要，学校还大力发展外语培训事业，建立了西南地区最完善的外语培训基地和中外各类外语考试点体系。自20世纪80年代以来，有两万余人从这里走向世界，直接推动了重庆和中西部地区的对外开放与交流。

20世纪90年代，为适应社会主义市场经济对涉外人才日益多元化的需求，学校再次以高度的责任感，审视自己的发展方向，与时俱进，逐步确立了建设以外语学科为主的、相关学科协调发展的多科性、教学研究型大学的奋斗目标。在人才培养上，学校实行

图3-2 学校对外交流（20世纪80年代）

"国际导向，专博兼顾"，鼓励多元模式共存共荣；在教育教学目标上，学校强调学生知识、能力、素质的全面发展，着重培养具有"国际视野、交流才能"的人才，引导教育教学的改革和创新；在学科专业建设上，学校特别关注地方经济社会发展的需要，高级翻译学院的设立，终结了重庆地区不能培养同声传译人才的历史，国际经济与贸易、法学（国际经济法）、新闻学（国际新闻）、旅游管理（涉外旅游）和非通用语种等专业的设立，直接呼应了重庆大开放的需要。

在为地方服务方面，学校还通过口译笔译、外语志愿者服务等直接为地方对外开放事业排忧解难，为重庆市几乎所有的重大国际会议、会展提供翻译志愿者服务等等。

从军队院校走来的川外，继承了人民军队想国家所想、急人民所急的光荣传统，强烈的责任感使她始终把服务国家和地方建设视为己任。在以高度的责任感推动学校发展的同时，

图3-3 学校对外合作（20世纪90年代）

学校始终注意把坚守责任和求真务实有机结合起来。20世纪末，在中国高等教育开始跨越式发展的时候，学校没有盲目跟风，追求超大规模的综合性和多科性模式，而是实事求是地确立了走特色性大学之路的目标。

在多学科的发展上，学校既注重新建学科与原外语学科

的交叉、融合和支撑，又适当控制新建学科专业的规模和数量，量力而行、协调发展。

在人才培养模式上，学校既关注其他外语院校人才培养模式的改革，大胆尝试复合型人才、通识型人才的培养，又对传统专门人才的培养模式不抛弃、不放弃，并进一步优化和改进，从而保持和发展了自己的学科特色、人才培养特色、校园文化特色、科研特色。

图3-4 俄语系86级硕士研究生论文答辩会后师生合影（1989年7月，川外）

（前排左三为苏联文教专家叶莲娜·西列茨卡娅）

学校学科专业布局日趋合理，形成了"涉外导向、两翼齐飞"的学科专业格局。人才培养形成了"国际导向、专博兼顾"的模式。培养的人才具有"国际视野、交流才能"的特色。其中，复合型人才培养模式逐渐形成，双语教学、专业复合稳步发展，专门人才培养继续良性发展，非通用外语语种不断增加、翻译专业成功申办。学校整体办学成效显著，再上台阶。学校社会影响越来越好，招生和就业形势年年喜人。

通过语言之窗眺望世界、利用语言工具沟通文明是外语院校的独特之处。欧风美雨、和歌韩流、东学西术、国风汉统，多元文化在这块园地上碰撞交融，构成了一道独特的文化风景线，也构成了涉外人才培养的独特环境。

二、"海纳百川　学贯中外"是川外一贯的精神追求

外语学习者和工作者都会面临多元文化的冲击，要学好外语、用好外语就需要一种海纳百川、兼收并蓄的气度，这种气度反过来也会促成文化竞合、多元交融的校园文化，凝铸成一种外语人的包容情怀和开放心态。这种源自学科精神的文化底蕴升华出来的包容性和开放性也是川外人宝贵的精神财富，它对形成宽松的教育环境和学术氛围、鼓励师生探索和创新、促进学校生机勃勃地发展起到了积极的作用。

"包容开放"作为川外精神的重要组成部分，是与秉承于传统的"守责求实"精神一脉相承的，责任感要求我们以天下为己任，为国家和民族复兴、为中国走向世界建功立业。具体在外语教学和学习中，要做到"知己知彼"，深入掌握和了解他国语言文化，达到最好的教学和学习效果，完成教学和学习的任务。而求真务实则要求我们在教学和学习中既不能全盘接收外来文化，又不能妄自尊大，对外来文化简单排斥，而应该以实事求是的态度，理性汲取国外一切有用的文明成果为我所用。特别是当我们还是发展中国家，学校也在爬坡上坎的时候，这种虚怀若谷的态度就更是必需的了。"包容开放"是在新时期对学校传统精神的拓展和创新，它是川外精神的重要组成部分。

回顾学校这些年的发展，这种"包容开放"精神起到了极大的推动作用。

图3-5 学校留学生着汉服参加花朝大典（2017年3月，重庆长寿）

在师资队伍建设上，正是这种精神，吸引了来自全国各地包括京、沪、广、苏等发达地区的优秀学者来校工作，我校大批中青年教师在完成学位攻读或深造后也纷纷回归。他们之所以愿意聚集在川外的旗帜下，一个重要的原因就是这里宽松的学术氛围和工作环境。在川外，领导者、管理者和教师之间关系十分融洽，教师之间、师生之间也非常和睦。学校领导层十分关心教职员工的利益，为他们的学术成长、工作成长创造各种有利条件，对那些有不同个性、不同学术观点的教师和学者也十分包容。这种宽松的气氛使教师们、学者们可以集中精力进行学术研究和创新，可以有更多机会提升和完善自己。"包容开放"精神形成了一种凝聚力，有力推动了师资队伍建设。

"包容开放"精神也促进了科研和教改的进步，各种学术创新、不同学术观点都得到了鼓励和包容。这些年学校科研成就显著，教研教改也硕果累累，无论是国家级、省市级科研项目和教改立项，还是专著、论文、教材、工具书，都有了量和值的突破，科研教研的进步提高了师资队伍的学术水平，推动了教学改革，提高了教学质量。

"包容开放"精神也是教学方法和教学模式创新的重要推动力量。学校鼓励和支持教师大胆进行那些有利于提高教学质量和教学效率的尝试，倡导教学思想上的百花齐放、百家争鸣。在这种"包容开放"精神的鼓舞下，各系部和许多教师都积极投身于教改活动，推动了教育教学的良性发展。由于学校长期坚持狠抓师资队伍建设和教学基本建设，广大教师治学严谨，在教学内容与课程体系改革、教学方法改革等方面不断探索创新，一批专业被批准为重庆市特色专业建设点、国家级特色专业建设点和国家一流专业建设点。

"包容开放"精神对学生来说，鼓励了他们对异质文化的探究和理解，培养了他们对新鲜事物的敏感性和接受度。同时，"包容开放"精神本身也是学生将来从事涉外活动特别需要的一种品质。只有具有开放的胸怀，才能与来自不同国家、不同种族、不同宗教和文化背景的人打交道。而国际交往艺术的精髓也在于能求同存异、和平共处，这就需要一种包容的气度。

学校高度重视校园文化精神对学生的素质熏陶，除充分利用课堂教学外，还通过丰富多彩的涉外文化活动，如国别文化节、外国文化周、外国戏剧展演、外语歌咏比赛、外语演讲比赛、涉外志愿者活动等，引导学生积极接触、学习和融入国外的优秀文化，拓宽眼界、增长见识，并在实践活动中锻炼才干。

在"包容开放"精神引领下，川外师生融会传统与新知，打通中国与异域，形成了多元竞合、丰富多彩、独特的川外校园文化。在这种文化氛围熏陶下，川外学子大多具备一种特殊的品质和素养，即"国际视野、交流才能"，加上他们得体、时尚、俊朗、秀美的形象，构成了重庆高校一道亮丽的风景线。

学校通过"中国模拟联合国大会""莎士比亚戏剧节""川外学坛""国际文化节""外语晚会""外语综合技能大赛""外语角"等外语活动为学生提供多样的练语言、习交流、长见识的平台。学校通过自主学习中心，提高学生的自主学习能力和自我管理能力。学校积极组织和鼓励学生参加各种外语专业竞赛，把它们作为学生的重要专业实践平台。多年来，我校学生在全国和省市的各种外语专业竞赛中成绩斐然，在每年的竞赛领奖台上都能看到川外学子欣喜的笑容。

学校还先后建立了英国驻渝领馆、重庆广电集团、重庆力帆集团、重庆商报、重庆海外旅游有限公司等58个稳定的校外实习基地，并加强了实习过程管理，有效地实施了实践教学。

学校鼓励学生以志愿者身份参加各种高规格的国际交流活动，以锻炼他们的才干。近三年来，我校学生参加了重庆所有大型国际活动的翻译和接待工作，受到有关方面的高度评价。

图3-6 于薛龙同学荣获第五届全国口译大赛同传邀请赛亚军（2016年6月）

2007年，重庆市在全市高校选拔的100名参加2008年北京奥运会志愿者中，川外学生就占了46名。

第一课堂和第二课堂实践教学环节的建设取得了丰硕成果。川外学生以扎实的外语功底、广博的国际知识、出色的交流才能、靓丽的青春风采深受用人单

图3-7 川外学生担任世博会志愿者（2010年8月，上海）

位的欢迎。2008届新闻学（国际新闻）专业学生王钰说道："大学四年最大的感受是学校敢于放手让我们学生做事，很多重要活动都交给我们去组织和操办，如我们国际新闻专业学生几乎承担了学校全部的新闻采播工作，贵重的设备也敢交给我们使用。据了解，这在其他学校是少见的。我们因为动手能力强，外语又好，找工作的时候特别受欢迎。"

除专精扎实的基本技能外，涉外型专业学生还要熟悉与理解自己国家和外国的文化文明，要有较为广博的人文知识。这就要求教师在教学中既要重视"专"的问题，又要重视"博"问题，培养专业技能强，熟悉或通晓跨专业、跨行业知识的人才。

学校在注重对人才实用能力培养的同时，十分关注学生专业综合素质的养成。如对外语专业学生，在强调技能培训的同时，学校保留了外国文学、国别文化、世界历史、语言

学、大学语文等传统人文和专业素养课，并不断革新课程设置和教学方法，同时还增加外语专业通识课程和方向课程的开设，通过经济、管理、法律、新闻、国际关系等课程拓宽学生的知识面。这种专业内外的综合素养教育，培养了学生的器识，拓展了他们的眼界，提升了他们的综合素质，不但增强了他们的应用能力，还为他们中部分人进一步深造，发展成研究型人才夯实了基础。如1982届校友中山大学博士生导师刘小枫教授在古典学、宗教学等方面成就斐然，同届校友吉林大学法学院博士生导师邓正来教授在法哲学领域硕果累累，1986届校友美国密歇根州立大学终身教授赵勇博士在教育技术领域造诣深厚。他们都是外语专业出身又跨学科的著名学者，他们取得的成就跟他们在学校时的广泛学习是分不开的。

在强调教学和课程设置中的"博"时，学校在专业层面，开始实行专业+方向、专业+专业、双学位国际合作办学的复合型人才培养模式，并取得显著成就。如英语专业新闻传播方向、英语专业经贸方向、英语专业旅游方向、英语专业经济法方向等最终都在成熟的方向课程体系和师资队伍基础上发展成了相关的专业，并继续保持了复合型人才培养的模式（非外语专业+外语能力和涉外知识）。人才培养模式的改革与完善，使川外学生一专多能，具有更强的社会适应能力和工作适应面。

大学教育的一个重要目标就是学生的人格养成与人性的和谐发展。学校在育人过程中高度重视学生的思想政治教育和人文素养教育。涉外人才对外常常代表祖国，对内又大多在窗口部门工作，他们的道德品质、人文素养、生活品位决定着他们的职业形象、事业成功乃至世界对中国的印象。学校不断建构和完善学生的品德教育体系，从思想政治课教育、人文素养课教育、公益事业活动、社会实践活动、各种

图3-8 川外获全国高校商业精英挑战赛商务谈判竞赛全国精英赛一等奖（2020年，宁波）

健康的社团活动和文体活动等着手影响学生世界观、人生观的形成，收到了良好的效果。

学校2008届学生张宇因在"联合国儿童基金会与中国政府2001—2005年艾滋病预防与关怀合作项目"中，为"中国儿童/青少年艾滋病预防、受影响儿童及其家庭的支持"作出了突出贡献，成为中国第一个受到联合国儿童基金会表彰的在校大学生。

学校还十分注意把川外传统精神融入思想政治教育中，培养学生为国家利益和世界和平敢于担当重任、不辱使命的责任意识，并取得了很好的效果。我校1995届学生庞波两赴战火中的国家与地区，履行联合国维和使命，因成绩突出，被评为第十七届全国十大杰出青年；在外交部工作的2000届学生杨时超主动要求奔赴战火中的阿富汗，为中国使馆的重开荣立三等功。

学校倡导全面发展的教育模式，引导教育教学改革和创

新，使"国际导向、专博兼顾"的育人模式有了充实的内涵。

"国际视野、交流才能"是涉外人才所需素质的集中体现，是学校培养模式的深层内涵和最终指向，也是传统精神和校园文化潜移默化影响的结果。

"国际视野"是指能以开放的心胸、求实的态度，把握天下大势，既能融入世界、不闭关自守，又能维护国权、不迷失方向。"交流才能"是指谙熟外国国情与文化，能以娴熟的外语、畅达的沟通、机敏的应变和求同存异的睿智，与不同语言文化背景的人打交道，达到和谐交往、共同发展的目的。

具有了这种"国际视野、交流才能"，涉外工作者才能纵横四海、为国前驱，折冲樽俎、不辱使命，为国家结交新朋友，为经贸拓展新领域，把中华文化传播得更广、更远。

学校把培养具有"国际视野、交流才能"的高素质涉外人才定位为自己的培养目标。它既是学校渊源于传统精神和学科底蕴的必然选择，又是学校独具的优势和特色。在国家对外开放和经济全球化大潮下，这种人才的培养既顺应了时代的需要，又可使学校在此领域独领风骚。

几十年来，川外毕业生以他们卓越的外语才华和交流能力、家国情怀和国际视野成为国家和地方对外开放事业的重要生力军。他们当中人才辈出，涌现出了大批杰出的校友：一等功臣、军中"铁人"蒋树兴；人力资源和社会保障部原副部长王晓初；国家开发投资公司原外部董事陈洪生；中国国际航空股份有限公司党委书记、副总裁谭植洪；德国中国工商会会长、德国飞马集团公司董事长栾伟；欧莱雅北亚及中国公共事务总裁兰珍珍；国务院学位委员会学科评议组成员、广东外语外贸大学博士生导师王初明教授；德国"国家功勋奖章"获得者杨武能教授；等等。

学校的办学成就也得到社会普遍好评，重庆市人民政府外事办公室、英国驻重庆领事馆、普华永道等都对川外毕业生给予了很高的评价；新华社、中共中央对外联络部、商务部等也与学校建立了稳定的合作关系；毕马威、丰田、富士康、佳能、家乐福等世界知名企业也将学校作为他们人力资源储备和补充基地。

近年来，众多中央和地方媒体如中央电视台、人民日报、光明日报等对学校人才培养、就业情况等进行了宣传报道，并给予充分肯定和高度评价。

外交部干部司评价60名在外交部工作的川外毕业生"外语基础牢，综合素质好，敬业精神强"。作为长期关注、支持和接受川外毕业生的国家机关，这一评价集中代表了社会对川外学生、川外育人模式、办学成效的肯定。

图3-9 川外荣获北京国际模拟联合国大会最高奖（2019年，北京）

新时代对中国外语教学提出了新使命和新要求，正如习近平总书记所说，新时代是"我国日益走近世界舞台中央、不断为人类作出更大贡献的时代"。外国语大学作为眺望世界、沟通中外的窗口，在培养具有全球视野、通晓国际惯例、熟知多元文化的高级人才时具有不可替代的作用。川外作为国家最早设立的四所外语专业高等院校之一，建校70多年以来，始终立足国家使命与时代使命，将家国情怀融入立德树人伟业。

"开川外门，见山外山"，历经一代又一代学人的薪火相传，川外人始终恪守"海纳百川　学贯中外"的校训，传承和发扬"团结、勤奋、严谨、求实"的校风。

上善若水，厚德载物。川外人身处新时代多元并存的格局下，保有兼收并蓄之胸怀、开放包容之气度，如水般知晓变化，不断革新，是励精图治的川外人海纳百川的德行追求。

中国情怀，国际视野。作为外国语大学，以中国风格和中国立场，充分运用外语这一桥梁和纽带，沟通中外，联通世界，是自强不息的川外人学贯中外的才学追求。由于文明多样性的存在，文明交流、文明互鉴、文明共存亟须全球知识的供给，新时代中国外语高等教育大有可为、必须有为。这启示川外师生做人做事做学问，应心系国家、关注现实、服务社会，以学无止境的状态，开放自信的姿态，培育建设专精的知识学问，推动学校高质量发展。

博学而不穷。《说文解字》里解释："博，大通也。"广泛地学习，通晓万物可谓博学也。博学，是对知识、智慧方面的要求，意为广泛学习，全面发展。这既是川外人的行为准则，也是行动目标。新时代外国语高校需有兼容并包、百花争艳的学术风格、学术思想、学术观点；川外教师应学识渊博、高标卓识；川外学子应潜精研思、笃行不怠，全面提升综合素质。

新时期的川外肩负"让世界读懂中国"和"让中国走向世界"的双重使命，这两者的前提是博学多才。无论是对中华优秀传统文化的传承，还是对外国语言文化的精研，只有广泛地学习，才能兼容并蓄、融会贯通。

中华优秀传统文化是中华民族的精神家园，体现着一个国家、一个民族的价值取向、道德规范、思想风貌及行为特征。外语学子必须懂中文和中国文化，破除文化失语的困境。川外虽为涉外型大学，但在培养学生了解和熟悉中国文化方面从未放松。重视中国语言和文化是学校外语教育的优良传统与特色。学校在外语教学之初便是这么认为、这么实践的。

精研外国语言文化则是文明交流的需要、国家发展的需要。"他山之石，可以攻玉。"中国谋求发展需了解世界，实现文化互通，向外学习，博取众家之长，对外宣传，传播中华文化。

语言是走向世界的大门，也是文化交流的钥匙。学习外语不仅是掌握一门语言，更是接触和了解一个国家的文化。主动学习世界各国语言文化后，方能扬弃，排除其糟粕，吸收其精华，为我国所用。此外，中华民族振兴在即，运用所学外语，通过各种场合向世界宣传中国、传播中华文化乃是时代新人的使命。

开放而自信。须知今日之中国，不仅是中国之中国，而且是世界之中国。习近平总书记指出："要扩大教育开放，同世界一流资源开展高水平合作办学。"

天道酬勤，力耕不欺。过去的70多年，川外师生栉风沐雨、朝乾夕惕，坚定不移沿着目标努力奋进，以开放的意识扩大和加强国际交流与合作，把学校办成"重庆走向世界"的桥梁的外语院校，提高学校在国际上的知名度，一直是学校努力的方向。

今日，中国特色社会主义进入新时代，国际交流合作也成为高校的重要职能和使命。学校致力于进一步搭建并整合校际友好往来合作平台、高层次人才互派互访交流平台、文化交流互鉴平台等，完善教育人文交流机制等，着力打造一批中外人文交流品牌项目。

学校着力进一步发挥"外语+新闻传播"学科人才优势，建设好重庆国际形象传播中心，着力培养卓越新闻传播人才，把讲好中国故事、传播好中国声音作为对外传播的重要内容。

学校将继续扩大来华优秀留学生规模，发挥来华留学生和外籍教师的宣介作用，聚集广大海外留学师生爱国热情，积极传播中国理念，宣传中国发展成就，把一个爱好和平、繁荣发展的中国传播得更广、更远。

博学与开放，是人才培育的两翼，不可偏废。

博学需要开放心态。70多年的沧桑巨变，川外始终秉持博学的准则，这首先需要一种开放包容的心

图3-10 国际传播学院成立（2021年7月，川外）

态、海纳百川的胸怀。若学井底之蛙，仅仅局限在小小的圈子中，便很难看到广阔天地的大美境界。正是学校始终与时俱进，乐于接受新鲜的事物，加强学生外语交际能力的同时不断提升学生的全球化意识，才为国家培育出一批又一批高水平外语人才。

开放需要博学打基础。步入新时代，中国日益走近世界舞台中央，世界渴望了解中国，单纯的外语知识和外语技能已无法满足世界的需要。全球化的发展大势对川外师生提出了越来越高的要求，我们不仅要学会如何"引进来"，更重要的是学会如何"走出去"。而若想以开放的姿态牵手世界、走出国门，大前提是学好中国文化、了解中国故事。

"海纳百川　学贯中外"结硕果

一、文化育人，苦练内功

（一）建立学术研究组织

一所高校的研究机构和研究成果数量往往直接展现了这所高校的教学质量与影响力。

建校后一段较长时间里，学校面临的中心任务是教学。改革开放后，学校逐渐加大了对科学研究的重视程度。学校开始大力开展科研工作，各类科研机构、各项科研成果如雨后春笋般冒出，逐渐取得丰硕成果。

1980年，《外国语文教学》创刊。1989年，《外国语文教学》改名为《四川外语学院学报》。2008年，经原国家新闻出版总署批准，《四川外语学院学报》更名为《外国语文》。《外国语文》由重庆市教育委员会主管、四川外国语大学主办，国内刊号：CN 50-1197/H，国际刊号：ISSN 1674-6414，现为全国外国语类核心期刊、中国人文社科学报核心期刊扩展版、全国高校优秀社科期刊、重庆市一级期刊、重庆市重点学术期刊建设工程出版专项资金资助期刊，同时还被列入中国学术期刊综合评价数据库来源期刊、中国期刊网、《中国学术期刊（光盘版）》全文收录期刊、中国人文社会科学引文数据库来源期刊、《全国报刊索引》核心期刊、万方数据期刊全文收录期刊、中文科技期刊数据库收录期刊等。"外国文学与文本研究"栏目多次被评为全国社科学报优秀栏目，"外国文学与文本研究""外国语言研究""翻译研究"等栏目一直是重庆市期刊好栏目，还新设立了"学术史研究"栏目。另外，《外国语文》的总被引率、影响因子、他引比、基金比、下载率在重庆市社科期刊中位居前列。

自创刊以来，《外国语文》认真学习贯彻执行"百花齐放、百家争鸣"的方针，积极组织开展科研问题的深入讨论，支持学术理论的探索、创新和不同观点、不同流派在学术研究上的自由争鸣，努力创造一种民主平等、相互切磋、共同进步的学术氛围，刊物质量不断提高，影响不断扩大。据中国知网统计，如北京大学、复旦大学、中国人民大学等高校，国务院发展研究中心、国家图书馆等单位，哈佛大学、耶鲁大学、剑桥大学、牛津大学、东京大学、香港中文大学、台湾辅仁大学、澳门特别行政区立法会、香港教育署等都订阅了《外国语文》。40多年来，《外国语文》不仅为川外的学科建设、外语理论探索与教学实践作出了巨大贡献，也为全国尤其是重庆市的外语教育与科研发挥了巨大作用。

1983年，学校创建高等教育研究所，主要研究领域为高等外语教育。每年举办1～2次学术报告会或研讨会，出版1期《四川外语学院学报》高等教育研究专版。主要出版物有《外语教育发展战略研究》《吴玉章书信集》《中国外语教育要事录》等。

1987年，学校组建中外文化研究所。该所下设国外中国学研究室、国外藏学研究室、传记文学研究室。主要研究方向是国外中国学、中外比较文学、中外文化交流史、国外藏学研究、海外华人社会等。该所与奥地利、美国、加拿大、捷克、法国、德国、匈牙利、波兰、意大利、印度、日本等国有关学术团体或研究机构保持着联系。主要出版物有《国外中国学论丛》《国外藏学动态》《国外中国学研究》《旅游与导游》等。

1988年，经四川省高教局批准，学校国外中国学研究所成立。其宗旨是加深中国学术界相互了解和合作，帮助外语专业师生了解中国文化在国外的传播和影响。该所创办了《国外中国学论丛》《国外藏学动态》两个刊物，并着手编辑《国外藏学丛书》。

1991年7月，学校正式成立科研处，科研工作进入了一个新阶段。科研处通过一系列改革措施，加强了对科研所、室的管理，激励了广大教师从事科学研究的积极性。这期间共出各类科研成果582项，共立项102个，其中获省立项19个，获拨经费8.5万元，获取学校资助经费5.96万元，获市以上社会科学优秀奖8项。

1994年12月，学校教学科研指导委员会兼学术委员会（简称"两委"）成立，"两委"既是学校指导教学科研的咨询机构，又是审定教学科研项目和教学科研成果的学术机构。"两委"的成立和相关工作条例的出台，进一步推动了学校的教学科研工作，活跃了校园学术氛围。

进入21世纪，随着国家进一步开放，学校的科研水平也得到了提高，科研工作进入新阶段。

2001年12月，学校外国语文研究中心成立，2003年被重庆市人民政府批准为首批重庆市人文社会科学重点研究基地之一。该中心主要研究方向为外国语言学、翻译学、英美文学及文化，下设专门研究机构6个，即外国语言研究所、英美文学研究所、翻译研究所、认知科学研究所、美国研究所、外语教育与资源研究所。中心另有挂靠研究机构2个，即加拿大研究中心和词典学研究中心。

2007年9月，学校国别经济与国际商务研究中心成立，于2013年1月8日被重庆市政府正式批准成为重庆市第三批人文社会科学重点研究基地之一。该中心研究领域主要集中在国别政治、国际贸易投资、国别产业、国际商务及国际企业管理等方面，下设国别政治与国际贸易投资研究所、国别文化与跨文化交际研究所、国别产业与中国产业发展研究所、跨文化与国际企业管理研究所4个研究机构。

2013年5月17日，为了响应金砖国家的国家战略，进一步深化金砖国家间合作和加强金砖国家合作机制研究，经学校研究决定，成立了金砖国家研究院。

2015年9月24日，为进一步加强中意高校、研究机构之间的学术合作与交流，增进重庆市与意大利在社会经济、文化教育领域的了解，经学校

图3-11 金砖国家研究院成立（2013年10月，川外）

研究决定，成立了意大利语中心。该中心整合了学校当时的教育资源，提供意大利语培训、意大利语考试和意大利留学服务，并在科学研究、人才培养和校际交流方面发挥积极作用，为增进中意人民友谊、促进重庆市与意大利的交流作出贡献。

2015年9月29日，经重庆市教育委员会研究决定，学校在教育学院挂牌设立了重庆市教育法治研究中心，主要职能是开展现代教育治理、教育改革与立法、依法治教、教育法律及政策等理论与实践问题研究，并为重庆市教育法治化提供政策咨询、决策参考、实践研究等相关法律服务。

2016年11月1日，学校成立当代国际话语体系研究院，助推学校本科生及研究生外语人才培养转型升级。该研究院为校级实体性研究机构，研究领域为当代国际话语体系构建的重要理论和实际问题。该研究院设有翻译与跨文化传播研究中心、国际传播话语研究中心、国际政治话语研究中心、公

图3-12 当代国际话语体系研究院成立（2016年11月，川外）
时任中共重庆市委宣传部副部长周波（左二）、党委书记明国辉（左一）、当代国际话语体系研究院名誉院长黄友义（右二）、校长李克勇（右一）授牌

共外交话语研究中心等分支机构。

2021年3月，学校成立当代中国研究院和区域国别研究院。当代中国研究院是以讲好中国故事为根本，力争"加强和改进国际传播工作，展示真实、立体、全面的中国"，在全球构建人类命运共同体的进程中，传播中国声音，宣介中国主张，贡献中国智慧和中国方案。区域国别研究院前身为2012年成立的重庆国际战略研究院。自成立以来，区域国别研究院通过各个中心轮流举办"区域国别研究大讲堂"系列活动，邀请校内外专家学者就区域国别研究中的集中问题举办讲座，成为学校的重要学术交流平台。

自建校至今已经过了风风雨雨的70余年，学校在科研方面能力日益增强，科研成果丰硕。科研水平代表了一个高校的学术水平，在这方面学校未来也会继续精进，持续提升学校的科研水平。

（二）提升人才培养层次

在科研水平逐年提升的同时，学校的教学水平与综合实力也在不断提高。川外是首批学十学位授予单位，英语日语研究生招生在渝领先。

1979年，学校首次招收三年制英语专业研究生8名、二年制日语研究生10名，成为恢复高考后最先招收研究生的重庆市高等学校之一。

1982年1月15日，国务院学位委员会和教育部发布《关于下达首批授予学士学位的高等学校名单的通知》，川外成为我国首批授予学士学位的高等学校之一。

这意味着学校教学、科研进入一个新的发展时期。

学校也致力于培养复合型人才。1998年，学校院务会召开专题会议要求学校在"多学科"上想方设法、狠抓落实。学校先后增设了法学、经济学、新闻学、广告学、旅游管理、汉语言文学、人力资源管理等非外语学科专业，又恢复了西班牙语专业。

学校坚持以培养本科生为主、研究生为重点，以专科教育为补充，适度发展成人教育、职业技术教育、外国留学生教育的办学体系和发展思路，为学校的发展增添了新的生机和活力。

图3-13 学校留学生走在川外小铁路上（2013年，重庆）

学校也将"申博"工作列为学科建设的工作重点之一。以"申博"为契机，在学科布局上，学校提出了一个"五加二"的思路。"五"就是建设五个一级学科群，即外国语言文学、中国语言文学、新闻传播、国际经贸和管理等学科群；"二"就是建设两个特色学科，即法学和现代教育技术。

2007年，学校积极进行学科申报、建设和规划，继续强化优势学科、优化特色学科、扶持新兴学科、发展边缘和相关学科，使学科结构和学科布局更趋完善。同年11月20日，学校英语语言文学、俄语语言文学、比较文学与世界文学、日语语言文学4个学科被评为重庆市"十一五"重点学科。

2008年，学校在接受教育部本科教学评估、申请立项建设博士授予单位、申报学校第一个专业硕士学位点、接受重庆市人文社科重点研究基地中期评估等方面工作均取得了巨大的成就，翻开了学校崭新的历史篇章。

2008年12月29日，重庆市学位委员会三届一次全体委员会议审议通过增列四川外语学院为立项建设博士授予单位。至此，学校“申博”工作取得重大突破，实现了川外历史性的跨越，初步实现了学校几代人的梦想，学校也即将步入教育层次完整的教学研究型现代大学之列。

成功申报博士授予单位，使学校的学科发展体系和人才培养体系进一步成熟和完善，使本科生、研究生教育更具连续性和前瞻性，有利于形成更好的学术氛围和良性、生态的发展空间，使几十年发展起来的宝贵外语资源更加具有延续性，有利于促进重庆市外语学科的发展和重庆市高层次外语人才及涉外人才培养，有利于重庆的对外开放和社会经济发展。

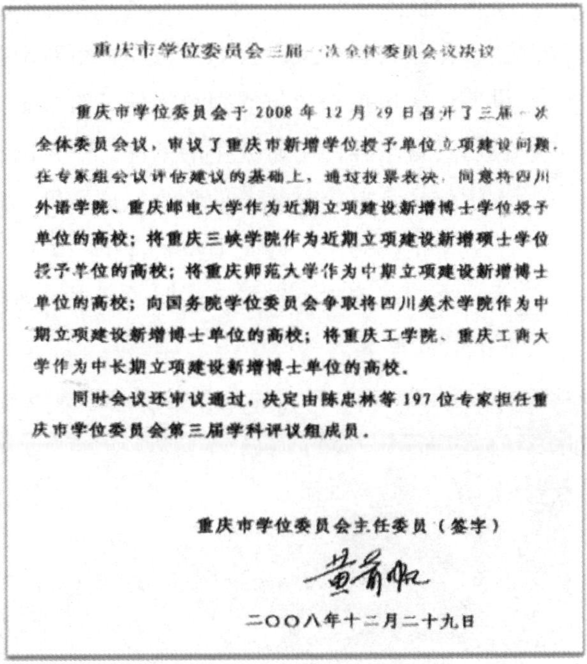

重庆市学位委员会三届一次全体委员会议决议

重庆市学位委员会于2008年12月29日召开了三届一次全体委员会议，审议了重庆市新增学位授予单位立项建设问题，在专家组会议评估建议的基础上，通过投票表决，同意将四川外语学院、重庆邮电大学作为近期立项建设新增博士学位授予单位的高校；将重庆三峡学院作为近期立项建设新增硕士学位授予单位的高校；将重庆师范大学作为中期立项建设新增博士单位的高校；向国务院学位委员会争取将四川美术学院作为中期立项建设新增博士单位的高校；将重庆工学院、重庆工商大学作为中长期立项建设新增博士单位的高校。

同时会议还审议通过，决定由陈忠林等197位专家担任重庆市学位委员会第三届学科评议组成员。

重庆市学位委员会主任委员（签字）

二〇〇八年十二月二十九日

图3-14 学校被增列为立项建设博士授予单位（2008年12月）

2010年，学校进一步加快学科专业建设步伐。德语、西班牙语专业被评为国家级特色专业建设点，西班牙语专业被评为重庆市特色专业建设点。学校还积极组织申报了葡萄牙语、社会学、财务管理、行政管理、信息管理与信息系统5个专业，成功获得阿拉伯语、朝鲜语、国际经济与贸易、人力资源管理4个新办专业的学士学位授权。

2013年1月29日，由国务院学位委员会学科评议组成员和市内外高校专家组成的验收小组对学校立项建设博士学位授予单位整体条件进行了验收。

在验收意见反馈会上，验收小组对学校全面完成立项建设博士学位授予单位规划目标任务给予了充分肯定，认为学校已具备培养博士研究生的条件，一致同意通过立项建设博士学位授予单位整体条件验收。这不仅标志着学校全面建成了集学士、硕士、博士学位教育于一体的完整的人才培养体系，也标志着学校在特色鲜明的高水平外国语大学建设进程中迈出了坚实的一步。

图3-15 学校通过立项建设博士学位授予单位整体条件验收
（2013年1月，川外）

随着学校各项事业的日益发展，为了更好地适应重庆和西南地区经济社会发展需要，服务西部大开发战略和内陆开放高地建设，进一步发挥外语类院校在服务涉外政治、经济、文化交流中的重要作用，进一步优化重庆市高校结构和提高整体实力，提升学校核心竞争力，学校于2011年3月向重庆市教委报送了《关于更名为"重庆外国语大学"的请示》。2011年7月，学校收到重庆市正式批示，指出，学校更名为"四川外国语大学"，简称还是"川外"。2013年4月14日，教育部印发通知，正式批准学校更名为"四川外国语大学"。5月18日，学校更名揭牌庆典在大礼堂隆重举行。

学校从2006年第一次申报更名，到2013年5月18日更名成功，期间经历8年时间，遇到过不少的困难与阻碍，但在校领导和社会各界的带领与支持下还是顺利完成了更名工作，并成功保留了"川外"这一记忆与特点，使本校的名片依旧存在。成功更名也推动了学校教学质量、科研水平的进一步提升。

图3-16 时任重庆市市长黄奇帆为学校授牌（2013年5月，川外）

学校更名后，大力推进人才培养模式改革，深化专业内涵建设，推进专业结构调整与优化，深化课程体系和实践教学体系改革，推动教学水平和人才培养质量稳步提高，本科教学内涵建设取得新成效。

2013年，学校主动适应国家经济结构调整和学科前沿发展态势，根据地方经济社会发展需求，在保持传统专业优势的同时，不断优化小语种类专业、英语类专业和非外语类专业的结构比例。学校先后增设了葡萄牙语、社会学、财务管理、物流管理、电子商务、广播电视编导、审计学、社会工作、教育学、网络与新媒体等本科专业，使本科专业数达到41个。

为积极响应国家"一带一路"倡议，服务重庆内陆开放高地建设，学校致力于加强非通用语人才培养，在建设好德语、日语、葡萄牙语、意大利语、越南语、朝鲜语等非通用语专业的基础上，努力创造条件开办新的非通用语专业。2015年，学校申报了匈牙利语、希伯来语、泰语3个非通用语专业，2016年申报了缅甸语专业。2018年申报了波兰语专业、捷克语专业和印地语专业。2018年9月，学校与重庆市政府共建重庆非通用语学院，次年5月17日，重庆非通用语学院成立。2019年，学校新增捷克语、波兰语、印地语和缅甸语4个专业。

自此，学校本科专业覆盖了文学、经济学、法学、管理学、教育学、艺术学6大学科门类，使得专业布

图3-17 重庆非通用语学院成立（2019年5月，川外）

局更趋合理。

学校坚持本科教学优先投入，确保教学经费稳步增长；逐步改善教学条件，提高教学设施利用效率；有序推进专业建设，适时修订人才培养方案；不断优化课程体系，加强课程建设；积极开展合作办学，提升协同育人水平。学校主动适应国家经济结构调整和学科前沿发展态势，谨慎设置新专业，对新专业重点扶持并加强评估指导，不断促进新专业建设，确保新专业建设符合要求、人才培养质量得到保障。同时，学校强化教学质量管理，细化管理措施，强化责任分工与目标管理，本科教学改革的目标逐步实现，并不断向纵深发展。

学校立足自身优势，加大人才引进力度，完善人才引进机制，健全人才发展和保障价值，教师队伍职称水平、博士化率、教学科研能力、国际化水平等指标均有明显提高，人才强校战略成效显著，有力地支撑了学校的发展。

（三）形成学术研究高峰

学校遵循"以教学科研为中心"和"以教学带科研，以科研促教学，教学科研一起抓"的方针，在积极主动地推进教学改革、优化教学结构的同时，大力加强科学研究工作。持之以恒，成果丰硕，学校在外语教材的编写与研究、翻译理论与实践的研究、文学与文学批评理论的研究、外语教学法理论与实践的研究、双语辞书理论与实践的研究、比较文学理论与实践的研究等方面都取得了丰硕成果，科学研究工作有了新的进展。

从恢复高考开始，中国教育踏上了改革与发展的新征程。1984年，学校首次参加四川省和重庆市哲学社会科学成果评选活动。其中1982年新出版的《俄语教学词典》（上册）受到全国俄语界的高度评价，并选送参加了联合国教科文组织在莫斯科和法兰克福举办的国际书展。科研工作的蓬勃发展形成了浓厚的学术氛围，推动了国内外学术交流活动的开展。1983年10月，重庆市政治经济学教学讨论会在学校举行；11月，中国俄语教学研究会第一次学术讨论会在学校召开，来自全国60多所院校的80多位代表出席。1984年12月，中国加拿大研究会在学校举行成立大会。1985年3月，"席勒与中国·中国与席勒"国际学术讨论会在学校成功举办，是我国外语界第一次举办的大型国际学术交流活动，得到了国内外广泛的支持和重视。

图3-18《席勒与中国·中国与席勒》国际学术讨论会（1985年，川外）

进入新世纪，学校形成了学界所称赞的"川外现象"，主要体现在四个方面：第一，川外是一所老牌外语院校，经过近年来突飞猛进的发展，已经迈入了全国同类外语院校的前列；第二，川外的学术研究水平较高，有突出的学科优势，在认知语言学、英美文学和翻译学等方面的研究在国内已经处于一流地位；第三，川外引进和培养了一批国内顶尖专家，涌现出一批十分活跃的学者，产出了一大批优秀成果；第四，川外招生生源火爆，就业形势连年看好，知名度和美誉度越来越高。学校扩招后的分数线一直稳定在当地重点大学录取分数线的水平，毕业生就业率一直保持在90%以上，远远超过教育部规定的80%的优秀等级。学校在2006年中国大学文学100强中（含综合类院校）名列第77位，位列同类外语院校第4位、西部院校第11位、重庆市第2位。学校毕业生就业待遇

排名超过了许多重点大学。重庆市领导曾这样评价："川外是重庆也是西南地区有特色、有水平、有实力的外语院校。'川外现象'是重庆的骄傲，是重庆建立长江上游教育高地的标志之一。"

图3-19 哈佛大学教授劳伦斯·布依尔应邀来学校访问并作学术报告

　　坚定时代发展信念，牢记时代发展使命，川外的学术活动紧跟国家需求开展，为中国特色社会主义贡献自己的力量。如学校日语学院王廷凯教授等编著的《大学日本语》教材2007年获评普通高等学校"十一五"国家级规划教材、《日语文语法》获批重庆市"十二五"市级规划教材。中国科学技术信息研究所通过多项学术指标综合评定和同行专家评议推荐，学校《外国语文》被收录为"中国科技核心期刊"（中国科技论文统计源期刊）。重庆市期刊协会经过充分研究论证，评定学校《外国语文》为2021年"重庆名刊"。

　　回望旧时年，川外建校70余年，一批又一批川外人扎根

学术研究。他们不忘初心、牢记使命，将自己的思考融进时代，将时代的需求深记在心；他们脚踏实地，行稳致远，用自己的力量回报社会，用时代的发展激励自我。

二、海纳百川，砥砺前行

（一）外出求经

20世纪50年代，以美国为首的资本主义阵营，对中华人民共和国采取抵制、封锁政策，企图将她扼杀在摇篮之中。毛主席、党中央号召全国人民发扬自力更生、艰苦奋斗精神，向苏联老大哥学习，建设社会主义新中国。因此在二十世纪五六十年代，学校主要向苏联学习先进经验，踏平坎坷成大道，斗罢艰险又出发，外出求经，潜心治学，为办好俄文学校打下了坚实基础。

学校第一次全面学习苏联办高校的经验，是西南俄专成立前的1952年10月，王耀祖、王丙申、群懿奉命参加西南人民革命大学代表团到北京中国人民大学参观学习。中国人民大学是为适应国家建设需要，接受苏联先进建设经验，聘请苏联专家，按苏联高校模式建立的新型社会主义大学。王耀祖等从北京回校后，立即根据中国人民大学的经验，修订一、二、三年级教育计划，制订各门课程教学大纲，筹建教学机构，建设师资队伍，拟订规章制度，踏踏实地为建立俄文专科学校做准备。

1953年西南俄专成立后，学校党政领导要求"学校及教学各部门应订出较长期较全面学习苏联的计划，步骤要具体，计划要切实可行，学习的方法要采取专题报告、总结

① 引自1955年4月群懿所写的《热爱西南俄专，为把它建设成一所新型的高等学校而努力奋斗》。

讨论和交流心得等形式"。"全面学习苏联经验，至少应包括以下几个方面：第一，运用马列主义立场观点方法解决教学及科学研究的问题；第二，学习苏联先进的最新科学成就；第三，高等学校的组织、制度、内容及成套的方法和经验；第四，苏联教育工作者的共产主义人生观（共产主义的政治方向、辩证唯物主义世界观）、忘我的集体主义的创造性劳动态度、遵守纪律按照计划办事的良好习惯、对人对事的实事求是的科学态度、共产主义的道德品质及批评与自我批评的精神等。"①学校还要求校办公室认真汇集报纸上刊登的苏联专家在全国各高校发表的意见和作的报告，研究并制订具体贯彻办法和步骤，要求教师学习苏联的凯洛夫著的《教育学》、捷普洛夫著的《心理学》、苏联科学院编的《俄语语法》等。

之后，高教部召开中国人民大学教学经验讨论会，总结推广学习苏联进行教学改革的经验。学校进一步从计划、大纲、教学方法、教学领导、规章制度等各个方面学习苏联。

学校先后聘请了尼可诺夫、尼可诺娃、拉薇茨卡娅、奥索金夫妇五位苏联专家。专家的到来给学校创造了全面学习苏联办高校经验的良好条件。尼可诺夫被聘为校长顾问，定期与校长会面，对学校工作提出建议。"仅仅头4个月的时间里，专家对学校各方面的工作就提出了95项建议。"校长办公室对专家建议逐一记录在案，召集有关部门及人员进行研究，能办的立即办，应办而暂时办不到的创造条件尽快办。在专家的帮助、指导下，学校在按计划工作、提高师生俄语水平、教学管理等方面取得了显著成就。

王丙申同志在《兴学创业四十年》一书中回忆专家在校

图3-20 王丙申、苏联专家尼可诺夫带领学校部分教师参加高等院校俄语教学大纲审定会议（1956年4月，北京）

的工作时写道："苏联专家在教学工作、科学研究、师资培养、创新教材、新开课程、思想教育、行政管理等方面，给我们提出了数以百计的意见和建议，对全面改进教学工作起了积极作用，特别是专家在教师进修班担任了繁重的教学工作，为我们培养了四十多名俄语理论课和俄语实践课教师。……专家们不知疲倦地工作，像热情忠诚的园丁。……奥索金专家及其夫人……除了教学工作外，还多次为学生作了内容丰富、极富教育意义的有关俄语学习和政治思想教育方面的报告，为校刊写了许多有益的文章，对研究工作给予极大的关怀和帮助，对教师的科学论文提出了许多宝贵的意见，特别是对正在编纂的《俄汉教学词典》更是经常给予具体指导。"

当时，学校办学缺乏经验和指导，向苏联学习正好为学校指明了方向，增强了育人能力。从教学方面来看，教师可以向苏联专家直接询问现有参考书无法解决的俄语语言疑难问题，学生也可以真正得到俄语听说能力、交际能力的实战训练。苏联专家给教师上进修课、作专题报告，不仅能够大幅度提高广大教师的俄语专业水平和教学能力，也激发了学生的学习兴趣，增加了学生对俄语文化的了解。

师资建设方面，学校于1956年办了第一届教师进修班，1957年办了第二届教师进修班，1958年办了第三届教师进修班，所有年轻教师都经过一轮进修。师资班、进修班的俄语课程均由苏联专家担任。他们前后开设了俄语教学法、词汇学、语音学、理论语法、历史语法、修辞学6门课程。学校还要求各位教师根据自身的特点及爱好选学一门俄语语言理论课程，为今后担任该课程教学做准备。

教学管理方面，根据专家建议，学校在全校范围内推行了计划工作。校本部、各科室、各年级均制订了学年或学期工作计划。整个教学活动严格依据教学计划、教学大纲、教学日历、课时计划进行。学生也有周学习计划。按计划工作有效地克服了忙乱、被动现象，进一步确立了工作秩序，提高了工作效率和学生学习效果。学校采取了一整套仿效苏联高校的制度、做法及要求，其中对提高教师教学水平、严格学习纪律起到了明显作用的有：教师课前的备课程序，讲课用的授课提纲，课堂教学要求，教学方式、方法，课后辅导，对学生全面负责制，学生学籍管理，考试考查办法，评分标准，留级规定等。

苏联专家的指导、帮助，是西南俄专6年办学取得重大成就的重要因素之一。

20世纪50年代

图3-21 苏联专家叶夫塔基娅给俄语40班上课（1957年，西南俄专）

末，苏联专家撤离。为了提高教师的专业水平和教学艺术水平，学校将教师送到兄弟院校或国外进修，郑惠申、张和平、杨文炜到中国人民大学进修，张可任、赵璧、翁作韬、周至刚、张西铭、文启尘、沈兆予到北京俄语学校进修，程贤光到苏联莫斯科大学进修等。

由于建院设系后新专业不断增设，师资队伍不断壮大，因此提高新教师的业务能力迫在眉睫。外出进修的教师回校后都立即投入新教师的培训和各种教学管理工作中，将学到的先进经验切实应用到学校的教学生活中。学校俄语系、英语系都先后派人到国内外高校学习，交流教学经验。通过1～2年的进修，外出进修的教师的专业水平都有了很大的提高，回校后分别担任了各年级的教学和行政工作，成为学校教学工作的中流砥柱。

图3-22 校名题写者郭沫若（右六）与学校留学生程贤光（右五）合影（1959年，莫斯科）

20世纪60年代，为吸取国内其他兄弟院校教学改革经验，全面提高教学质量，学校党委决定派群懿等5人到上海外国语学院、北京外国语学院、西安外国语学院、黑龙江大学外语系等13个外语院系参观学习。之后学校党委又派王丙申等5人参加北京外国语学院教学经验讨论会。群懿代表川外在会上作了建立外语教学新体系的报告。同时为交流高等学校公共外语课教学改革经验，加强各校外语教研组的联系协作，促进重庆市高校外语教学质量的提高，四川外语学院受中共重庆市委宣传部委托，邀请本市七所大专院校外语教研组代表共11人进行了座谈。一系列的外出交流学习，对学校的教学科研工作起到了很大的促进作用。

改革开放之后，学校先后派出多批干部、教师到兄弟院校和国外大学参观访问或讲学，并同美国、日本、加拿大、德国、比利时等国家的一些大学建立了校际联系。这些友好交往和学术交流推动了学校教学与科研工作的发展，促进了教师业务水平的提高。不少教师还被推选为全国和省市各种学会、协会、研究会等学术团体的秘书长、理事、常务理事、副会长、会长（理事长）、顾问等，发挥了学术指导和带头人的作用。

进入21世纪以来，学校更名后，学校与世界五大洲20余个国家及地区的80多所大学在本科生、研究生培养及师资培训等方面开展了100余个项目的广泛校际交流合作。每年学校派往国外学习与交流的学生近千人，接收来校学习的外国留学生500人左右。学校是法语国家大学协会（AUF）中国会员中唯一的正式会员单位。学校与国外政府及教育机构合作设立法语联盟、歌德学校语言中心、俄语中心、意大利语中心、塞万提斯学校语言中心、白俄罗斯中心等涉外教育与文化交流机构。与非洲多哥洛美大学、俄罗斯下诺夫哥罗德语言大学和美国西佛罗里达大学联合举办孔子学院（后因故停办），与澳大利亚纽卡斯尔大学合作开设中外合作办学商务英语专业本科双文凭项目。

学校长期开展"2+2""3+1""3+1+1"等模式的学位项目、学分项目、短期学习及实习项目，以交换学习、游学、实习等多种方式拓宽学生赴海外学习的渠道。近7年，学校接待来访讲学的外国专家教授100余场次，派往国外参加学习交流的学生5000余人，接收来华留学生近3000人，接收美国、日本、俄罗斯、泰国、多哥等国夏令营国际交流学生近千人。

图3-23 意大利语中心成立（2015年9月，川外）

此外，学校对外汉语教学的发展势头正盛。2008年学校加强了汉语水平考试（HSK）川外考点建设，组织了来自10多个国家的50多名外国留学生参加考试。2012年，学校有2名教师赴多哥、俄罗斯担任孔子学院中方院长，3名公派对外汉语教师赴俄罗斯、埃及、韩国从事对外汉语教学工作。2013年，新建孔子学院1所（美国西佛罗里达大学孔子学院）、汉语教学点1个（阿尔及尔第二大学），成功获批市级建设项目1项——"重庆市小语种对外汉语教学师资培训基地"。学校进一步扩大来华留学生规模，增加学历生比例，积极参与公派汉语教师志愿者项目。

语言学习交流是文化传播的有效渠道。语言是文化的载体，中文在世界上传播与被接受的广度和程度对中华文化的有效交流与传播至关重要。学校的对外汉语教学工作对当今讲好中国故事、着力加强对外文化交流和多层次文明对话、提升中文的影响力和传播力至关重要。

（二）外援引进

川外作为西南地区唯一的外语类院校，一贯重视与国外高校的合作与交流。学校秉持开放包容、互学互鉴的理念，以更自信的心态、更宽广的胸怀，深入开展同国内外学界的文化交流与合作，频繁邀请专家进校讲学，与国内外兄弟院校保持良好联系，打开了合作共赢新局面。

20世纪中后期，学校主要引进苏联专家帮助建设俄语教学点。周恩来总理也时常关照川外，促成引进了大批外语教学专家，培养了一大批外语人才。

20世纪80年代，

图3-24 苏联外教、文教专家柳德米娜与俄语系领导合影（1985年12月，川外）

学校邀请了一些国内外著名教授、学者来校讲学、访问。美籍华人专家陈志让、美国专家施米特和曾宝谦教授、加拿大文忠志教授、日本学者平津金泽副教授、美籍华人伍承祖教授、民主德国佩措尔教授、加拿大知名人士文幼章、加拿大剧作家凯恩·米切尔教授、澳大利亚"尼姆罗德"剧团，以及草婴、戈宝权、陈冰夷、高莽、季羡林、叶廷芳、田德望、罗大纲、汤永宽、王道宽、张威廉、许国璋、李燕杰、叶毓山、洪范、赵俊欣、上海乐团男高音歌唱家金钟鸣、著名女高音唱歌家刘淑芳等就是在此期间来学校讲学、访问的。

另外，学校还接待了日本神奈川县原教育委员长阿布治夫，美国戈申学院原院长劳伦斯·伯克霍尔德、原副院长拉普，联邦德国汉堡大学莫恩教授，联邦德国驻华大使馆二秘沙勒尔先生，北京师范大学原党委副书记施宗恕，上海外国语学院原副院长胡孟浩、原顾问姚志健，上海市高教局原局长舒文率领的上海市高教代表团，南京大学林尔康副教授，成都市教育工会代表团及14所大专院校的工会主席，西安外国语学院原院长钟歧青来学校访问。

图3-25 日本神奈川县原教育委员长阿布治夫到访学校（1981年3月，川外）

各位专家的到来，一方面体现了学校日益增强的学界影响力，另一方面也切实促进了教育教学资源的开发与利用，有利于增强学生理论与实践、课堂与社会的认知能力，在加强学生专业知识学习的基础上拓宽学生的社会视野，并增加学生的社会阅历，培育学生多元化和开放型的思维模式，培养高素质综合型人才。

进入21世纪，学校对外交流得到长足发展，先后与美国、德国、俄罗斯、英国、西班牙、法国、日本、韩国、埃及等20多个国家的50余所高校建立了友好合作与交流关系，并签订了学生交换、学术交流、师资互换等项目的合作协议。特别是2005年以后，学校以提高重庆市整体对外交流水平和效益、促进学校教学科研水平提高为目标，从对外引智、国际交流、出国管理、留学生招生、给重庆市重大国际活动提供外语人才支持等方面着手，不断开拓，积极创新，开创了对外交流与合作的新局面。

2008年12月18日，在"重庆市外籍教师和留学生新年联谊会暨重庆市优秀外籍教师表彰会"上，学校美国籍教师Timothy Hoffman（狄蒙·霍夫曼）、俄罗斯籍教师Natalia Shalginova（纳塔尼娅·沙尔金诺娃）、日本籍教师Fukuda Sigeru（福田繁）和德国籍教师Frank Ristow（李复）4人被评为2008年"重庆市度优秀外籍教师"。12月22日，"重庆市2008年外国专家三峡友谊奖颁奖典礼"在重庆雾都宾馆隆重举行。学校德国籍教师Frank Ristow（李复）先生荣获重庆市政府颁发给在渝外籍人士的最高荣誉"三峡友谊奖"。在多年对外交流合作中，许多外籍教师已经与川外结下了深厚情谊，有效增进了彼此间的理解与认同。

学校赛勒玛教授获评2017年度"中国十大外教"和2019年度"感动重庆十大人物"称号。她来自叙利亚，已在重庆任教10余载。她在课堂上注重采用启发式教学，编写出版多部适合中国学生的全国通用阿拉伯语教材，为学校培养出数百名阿拉伯语专业优秀学子。她积极助推重庆与阿拉伯语国家的文化、学术交流。她的4名子女也都扎根重庆，投身教育事业。

图3-26 学校外籍教授赛勒玛荣获2019年度"感动重庆十大人物"称号（2020年1月，重庆）

葡萄牙语外教阿尔贝托获得四川外国语大学第三届"感动校园"人物称号，在川外工作8年，他全力支持学校葡萄牙语专业建设，细心地为学生进行课后辅导，无偿捐赠学生所需的葡萄牙语书籍，将自己眼中的"中国故事"讲给全世界听。八载风雨，阿尔贝托将一腔热血献给三尺讲台，播种大爱情怀，搭建文化桥梁。

据不完全统计，截至2022年，学校共培养本硕和进修留学生369名，聘请长期外籍专家近百人，切实保证教学、科研所需。每年学校派往国外学习与交流的学生近千人，接收来校学习的外国留学生500人左右，培养了一大批具有国际视野、通晓东西方文化的综合型人才。

目前，川外出国培训部（国际教育学院）师资力量雄厚、基础设施完备、教学特色鲜明，已经发展成为国内教育资源整合效应较强、西部地区外语教育服务功能最强的综合性教育服务机构之一。在确保完成国家出国培训任务的前提下，出国培训部（国际教育学院）利用学校在国际高等教育领域已有的地位和优势，引进国际先进的办学理念与模式，集中出国培训部优秀师资与教学资源，成功地与美国、英国、澳

大利亚、加拿大、新西兰、
爱尔兰、荷兰、西班牙、法
国、日本、韩国、意大利、
德国、俄罗斯等20多个国家
百余所大学开展了多种合作
预科项目，取得了明显的社
会效益。

图3-27 葡萄牙语外教阿尔贝托（左一）荣
获第三届"感动校园"人物称号
（2021年，川外）

经过多年的努力，学校
在已建立的国际合作的基础
上，与更多国家的高校建立
了友好合作关系，接待访问人数也不断增加，来访人员的层
次也越来越高，并积极促成与国外高校的新合作项目，不断
开拓新的合作领域，掀开了学校国际交流和国际合作办学的
新篇章。

"海纳百川"不仅是我校校训，更是一种开放包容的文明
观念，它尊重各国文化、文明和发展道路的多样性，推进人
类各种文明交流交融、互学互鉴，超越了时空束缚，以整体
意识、全球思维和全人类的共同价值来引领人类社会发展。坚持"海纳百川"正是我校作为外国语高校在构建人类命运共同体中应当肩负起的责任与使命。

图3-28 法国驻成都总领事白屿淞访问学校
（2019年6月，川外）

三、学贯中外，长歌奋进

多年来，川外确立了"建设高水平应用研究型外国语大学"的定位，明确"内涵发展、质量为先、中外合作、分类培养"的发展路径以及建设新文科，践行"外语+"人才培养理念，大力推进国际化、复合型、应用型人才培养模式改革，以"四个扎实""三个作用"为指引，为服务"构建人类命运共同体"、"一带一路"倡议、中华文化"走出去"等国家战略，为助力"西部大开发""成渝地区双城经济圈""陆海新通道"，为打造西部（重庆）科学城，作出川外新贡献。

筚路蓝缕，砥砺前行；七秩芳华，长歌奋进。七十余年风雨兼程，七十余年薪火相传。川外见证过烽火，见证过磨难，在时代变迁中却依然初心不改，坚持海纳百川，学贯中外，为党和国家培养了约15万名涉外人才，除了前文中提及的程贤光、孙致祥等知名教授，还有中国"翻译文化终身成就奖"获得者、著名翻译家杨武能，资深翻译家何道宽，著名学者刘小枫等一大批优秀人才。限于篇幅，下面仅选几位代表作简要介绍，以飨读者。

（一）杨武能

杨武能，雅号"巴蜀译翁"，德语翻译家，曾任川外副校长，四川大学外国语学院退休教授，中国"翻译文化终身成就奖"、德国"国家功勋奖章"、洪堡学术奖金和世界歌德研究领域最高奖"歌德金质奖章"获得者。他从1980年开始研究中德文学与文化关系，出版有专著《歌德与中国》《三叶集》《走近歌德》等。现任重庆国际交流研究中心主任、重庆图书馆荣誉馆长、川外歌德研究所名誉所长、西南交通大学荣誉教授。

杨武能说自己的翻译生涯跟自己家乡重庆的地形一样，一直都在"爬坡上坎"。1922年，郭沫若首次翻译《少年维特之烦恼》，后来杨武能也对这部作品进行翻译，力求创新突破，最终他的新译本获得成功。1981

图3-29 知名校友杨武能教授

年，杨武能翻译的《少年维特的烦恼》第一版8万册问世后很快便销售一空，之后不停地重印、再版，总印数很快超过100万册，让歌德的这部杰作在中国"火了"起来。2006年，杨武能二十年磨一剑，德语现代经典《魔山》问世出版。"20年来，通过翻译《魔山》，我进入了一个又一个陌生、奇特而精彩的世界。有了'魔山'之旅的历练和积累，我便能以新的眼光观察、认识自己和世界，这大概就是文学翻译工作的最大魅力。"杨武能说。

已是耄耋之年的杨武能仍在继续工作。近年来，杨武能每年都利用重庆图书馆举办"格林童话之夜"的机会，与小读者们近距离交流。最近，为了让读者了解他翻译背后的故事，杨武能开通了微信公众号"巴蜀译翁"，更新公众号内容又成了他的主要工作之一。60多年来，他翻译了《浮士德》《海涅诗选》《茵梦湖》等30余部德国经典名著，创作了《歌德与中国》《走近歌德》等9部著作，编著了《歌德文集》《郁金香译丛》等书，其中许多书从出版至今一直畅销，受到一代又一代读者的追捧和喜爱。

（二）何道宽

与广为人知的文学翻译相比，学术翻译多数时候游离于大众视野之外，但是，学术翻译对学科建设、学术进步有着不容小觑的意义和价值。在深圳，就"隐居"着一位学术翻译界的"大牛"，深圳大学退休教授、知名翻译家何道宽先生。素心治学五十载，译介两千万言，正是何道宽的写照。

图3-30 知名校友何道宽教授

何道宽于1959年以全班第一名的成绩考入川外英语系，1963年留校任教，1978年考上南京大学研究生，1980—1981年以交换学者身份游学美国，曾任中国跨文化交际学会副会长、中国传播学会副理事长，现任中国传播学会终身荣誉理事等。何道宽从事英语语言文学、文化学、人类学、传播学研究30余年，著作和译作80余种，逾2000万字。2023年4月3日，81岁高龄的何道宽荣获中国"翻译文化终身成就奖"。

20世纪90年代中期，何道宽从川外调任深圳大学之后，逐渐成为英国语言文学、翻译学、传播学和跨文化传播等学科带头人。2002年退休后他专注于翻译工作，迄今出版学术译著逾2000万字，这还不包括各类教材和论著。他的巨量和高质的学术翻译著作，尤其对中国传播学科知识体系的构建作出了杰出贡献。早在20世纪90年代互联网尚未全面兴起之时，何道宽就以前瞻性的眼光翻译了麦克卢汉的名著《理解媒介》，将麦克卢汉的理论学说引进国内，该书也成为很多高校传播学专业研究生的必读书目。退休之后，何道宽仍以平均每年100万字的速度产出学术成果，继续在他的学术田园中默默耕耘，被誉为"百万教授"。

（三）赵勇

赵勇，在川外获得英语语言学士学位后做了6年的英语老师，1992年，赵勇作为访问学者到林菲尔德学院学习，1993年在伊利诺伊大学厄巴纳香槟分校获得教育学硕士学位，1994年获得教育心理学博士学位。1996年，他在威拉姆特大学担任语言中心协调员，并在汉密尔顿学院担任语言专家。

1996—2009年，赵勇就职于密歇根州立大学，在此期间，他创立了教学与技术中心和美中教育卓越研究中心。

2010年，赵勇获得了美国教育领导学会颁发的教育领导奖，也被《技术与学习杂志》（*Technology&Learning Magazine*）评为2010年全球教育技术界最有影响力的十大人物之一。

2010—2015年，赵勇加入俄勒冈大学教育学院，并于2010—2013年担任副院长。

2016年，赵勇加入堪萨斯大学，成为该校的第11位基金会杰出教授。赵勇在以下5个领域的研究比较有名：创造力和创业教育、全球化和教育、中国和汉语学习、教育和学校教育技术、世界各地的教育改革。堪萨斯大学执行副校长认为"今天最有影响力之一的教育研究者加入堪萨斯大学是令人兴奋的，赵勇的学术背景与成果增加了堪萨斯大学在教育领域的领导力"。

多年来，他被《教育周刊》（*Education Week*）评为十大最具公众影响力的教育学者之一。近几年，他仍然是美国教育技术和创业教育领域最具影响力的学者之一。赵勇对推进中美教育技术领域的交流也作出了很大的努力，也参与了一些国内的教育实践，比如北京朝阳区2013年成立的北京中学，赵勇就进行了较多的参与。另外，他也推动了一些交流会议的举办。

（四）刘小枫

刘小枫，1982年，川外毕业后他考进北京大学读研究生，专业是当时正风靡的美学，但美学专业显然无法容纳他的

"野心"，于是他触类旁通，从美学转到了哲学。如果说大学本科四年是他打基础的几年，那么硕士研究生阶段的三年则是他的思想渐具雏形的时期。1985年，他获哲学硕士学位后，进入深圳大学任教。1989—1993年，他

图3-31 知名校友刘小枫教授

前往瑞士巴塞尔大学学习，获哲学（神学）博士学位。

1993—2002年，他任香港中文大学中国文化研究所研究员；2002—2003年，他被聘为德国波恩大学汉学系客座教授；2003—2009年，他成为中山大学哲学系教授、博士生导师、美学教研室主任；2009年至今，他成为中国人民大学文学院教授、博士生导师、古典文明研究中心主任等。

刘小枫的著述也颇丰。1986年，他出版了第一部个人作品《诗化哲学》。在山东文艺出版社出版的这套丛书中，这本也许是唯一一本在当时的"文化热""哲学热"中引起轰动的。《诗化哲学》以独特的思路与表达方式取得了成功，时人为之瞩目。

1994年，由10篇文章组成的《走向十字架上的真：20世纪基督教神学引论》由生活·读书·新知三联书店上海分店

出版，成为"上海三联文库·学术系列"中的第一本。1996年，北京生活·读书·新知三联书店出版了他的另一本小品文集《这一代人的怕和爱》，其中的《记恋冬妮娅》是20世纪90年代"学者散文"中难得的精品，也成为整整一代人的精神证词。

刘小枫的主要代表作有《拯救与逍遥》《沉重的肉身》《施特劳斯的路标》《古典学与古今之争》《海德格尔与中国》《巫阳招魂》《拥彗先驱》《昭告幽微》等。

（五）王寅

王寅现为学校外国语文研究中心教授、语言哲学和认知科学研究中心主任、重庆市社会科学联合会兼职副主席、美国中美后现代发展研究院高级研究员，曾任中国英汉语比较研究会副会长、全国语言与符号学研究会副会长、中国认知语言学研究会副会长，现任中西语言哲学研究会会长、体认语言学研究会会长、中国翻译认知研究会顾问。《语言哲学研究：21世纪中国后语言哲学沉思录》为王寅教授经10年努力而写成的一部佳作，为国家社科基金2013年后期资助项目成果，在学界产生了较大的影响。该论著较为系统地梳理了语言学与语言哲学之间唇齿相依的关系，进一步充实中国后语哲，既有继承，也有发展，更有创新。王寅教授在研究中注意运用当代语言理论以及自己的研究成果，不断探索总结外语教学的4个主要环节：词汇、语法、阅读、听力，编写出4本高校教材，逐步形成了一套有自我特色的教学方法。

新时代赋予了川外人新的责任、新的使命，川外人要利用好自己的语言优势，发挥川外力量，讲好中国故事、传播中华文化，让中国声音走向国际，积极主动地与来自多元文化背景的人们共同构建人类命运共同体。"海纳百川 学贯中外"这是川外人的追求，一批又一批优秀的川外人用专业的知识、杰出的贡献，走出国门、走向世界，成为川外的骄傲。"这是一个需要理论而且一定能产生理论的时代，这是一个需要思想而且一定能产生思想的时代。"当代中国社会的变化发展，为哲学社会科学研究提供了最好的土壤。今天的川外，追求面向世界的知识储备、俯仰古今的学术眼光，更追求立足中国的学术情怀、接续传统的学问根底。弦歌不绝、理想不坠，川外坚持中外互鉴，提升国际化办学水平，搭建起连接中外、沟通世界的彩虹桥。

校训乃一校之魂。川外的校训"海纳百川 学贯中外"，不仅是1.6万余名在校学生和1000多名教职工的领航灯塔，也是无数川外校友和川外人永恒的精神信念，更是川外70余年来生生不息、薪火相传的精神内涵和文化精髓。

"海纳百川 学贯中外"，川外以之为训，不仅因其恰巧嵌合"川外"二字，更因其通贯川外办学历史与治学精神，是对学校发展历程、治学特色、人才理念、科学研究、社会服务、国际交流等整体价值追求的高度概括。

图3-32 学校太阳广场与三花路的交会处镌刻校训的泰山祥云石

70余年来，学校尽管五迁校址，七经转折，但矢志不渝，总是把满足国家经济建设和社会发展的需要作为自己的办学目标，最终明确以"海纳百川 学贯中外"为校训。时势常易，但大学精神不移。纵观川外在各个时期的教育理念，无不以"海纳百川"的信念执着追求、以"学贯中外"的姿态坚毅前行。

大其心容天下之物，虚其心受天下之善。大学不仅要有大楼和大师，还要有大爱和大智，更要有精神和文化。川外在悠久的历史传承中，形成了"海纳百川　学贯中外"的核心精神，涵养了深厚坚实的文化底蕴。在汲取传统精髓的基础上，川外围绕创建特色鲜明的高水平应用研究型外国语大学的奋斗目标，确立了"国际导向、外语共核、多元发展"的现代大学办学特色，既努力培养高精尖缺的国际化专门人才，也面向行业企业培养高素质的应用型人才。

今日的川外，仍以江河奔涌之势不断推陈出新，以和谐包容之胸襟汇聚众长，学科建设不断激荡又不断融汇，文化思想不停碰撞又不停对话，极大地推动了交叉学科和新兴学科的生成，形成了一批特色鲜明的高水平学科群。今日的川外，以友好坦诚之姿态开放办学，构建起全方位、多层次、多形式的人才教育体系，以乘风破浪之势扬帆远航，全力提升大学治理能力和建设能力，从深厚坚实的传统文化和国内名校的优质理念中，汲取实现大学梦想的磅礴力量。

在"海纳百川　学贯中外"这座精神丰碑的照耀下，川外之魂历久弥新，在历史长河的洗礼下沉淀为"三重境界"："兴来逸气若涛涌，千里长江归海时"，以和谐包容的心态汇聚各长；"八月长江万里晴，千帆一道带风轻"，以继往开来的精神兴盛川外；"长风破浪会有时，直挂云帆济沧海"，以创新创造的意识再创辉煌。送走了一批批今日栋梁，迎来了一批批明日主人，而"海纳百川　学贯中外"将在一代又一代川外人的灵魂深处成为永恒的精神印记。

第四章

始终坚守服务社会、感恩母校的价值追求

"中国俄语教育杰出贡献奖"获得者

2016年11月19日，中国俄语教学研究会成立三十五周年纪念大会在北京大学隆重召开。会上，对25名德高望重、为中国俄语教育事业辛勤工作50年以上的前辈学者进行了表彰，学校俄语系程贤光教授和孙致祥教授荣获"中国俄语教育杰出贡献奖"。

图4-1 "中国俄语教育杰出贡献奖"获得者程贤光教授

程贤光，川外俄语系1950级校友，教授，硕士研究生导师，从事俄语语言文学教学与研究工作，曾任川外俄语系教研室主任、系主任和外国儿童文学研究所所长。其主编的《俄语教学词典》（上下册）获重庆市第三届社会科学优秀科研成果一等奖、四川省社会科学优秀成果二等奖。

20世纪50年代，在特殊的社会历史时期，国家现代化发展建设需要大量俄语人才。1950年3月，在邓小平、刘伯承、贺龙等老一辈无产阶级革命家的亲切关怀和指导下，四川外国语大学的前身——中国人民解放军西南军政大学俄文训练团成立，后从各个部队选派了600多人到俄文训练团学习俄语。当时年仅16岁的程贤光便是其中一员。因此，程贤光说："川外存在的第一天，我就在这里了。"1975年，国家出版局在广州举行中外语文词典编写出版规划座谈会，程贤光代表学校参加。鉴于学校俄语系之前有过编写《俄汉教学词典》的经历，会上将重编《俄语教学词典》的任务直接指派给学校，经各方研究决定由程贤光担任主编并全面主持编写工作。

作为川外独创性的辞书，程贤光主编的这部词典的重点——"教学"二字，深刻体现在《俄语教学词典》的方方面面。程贤光及其团队克服各种困难，从词典编写到定稿出版耗时10年。《俄语教学词典》上下两册800多万字的内容只收录了2800余个词条。基于程贤光与其他俄语系教师的教学工作实践，这些精心挑选的2800余个词条全是中国学生在学习俄语时感到困难的词条，对中国学生的俄语学习很有针对性，故《俄语教学词典》一经问世，便广受俄语界好评，被誉为"青年教师的案头书""最好的词典"。时至今日，词典虽已绝版，但仍有人问购。提及此，程贤光教授真切地表示，希望有人能重新修订《俄语教学词典》，使其成为更具时代特色的电子辞书。程贤光带领团队编撰《俄语教学词典》、参与翻译《列宁文稿》、设立外国儿童文学研究所、创办《世界儿童》、译介外国儿童文学作品等，为学校的科研作出了不可磨灭的重要贡献。

孙致祥教授1953年起在川外任教，1963年获列宁格勒大学语文学博士学位，1989年获"重庆市优秀教师"称号，1991年获"四川省优秀研究生指导教师"称号，曾任川外俄

图4-2 "中国俄语教育杰出贡献奖"获得者孙致祥教授（右一）

语系主任、中国俄语教学研究会常务理事。孙致祥教授在俄语教学科研第一线已工作50多年，一生为俄语教育呕心沥血，为国家培养了大量的俄语人才，并在科研上获得丰硕成果。他主编的《俄汉搭配词典》在国内俄语界有很大影响力，还参与编写了《俄汉详解大词典》《俄语教学词典》，校译了《帕斯捷尔纳克诗选》《列宁文稿》（第三卷）等著名作品。孙致祥教授自1993年起享受国务院政府特殊津贴。

两位老教授为人谦和，治学严谨，为川外的创建和发展作出了不可磨灭的贡献。他们既是中国俄语教育界的杰出代表，也是川外的宝贵财富，其学养、成就和品德高山仰止，堪称学界楷模。在新的历史时期，他们依然关心着学校的"双一流"建设，为学校俄语专业发展做了许多工作，为俄语教学、科研和文艺活动提供指导与帮助，为重庆市与俄罗斯的城市建立友好关系、为学校与重庆市的对俄合作交流等做了大量工作，起到了重要作用。

第一节

服务社会、感恩母校是文化育人成果的重要体现

一、服务社会

高校与社会存在着双向互动关系，高校既是社会的一部分，伴随社会的发展而发展，也在奉献回报中彰显自身的价值。长期以来，川外坚持以服务社会发展为使命，充分发挥自身的人才和知识优势，为经济建设和社会发展提供强有力的支撑。在服务社会的同时，学校也能得到社会的资金支持和名誉声望，这不仅能改善学校的办学条件，为学校的教学和科研提供更好的物质基础，也能提高学校的社会声望和地位，对学校的长远发展也是非常有益的。

（一）服务社会是现代高校的重要职能

根据《教育学原理》一书，现代高校具有五大基本职能，包括人才培养、科学研究、社会服务、文化传承创新和国际交流合作，服务社会是现代高校的重要职能之一。高校利用自身的学科、专业、科技、人才、信息和文化优势，服务经济社会发展，是高校发展的一个显著特征。高校服务经济社会发展，既是使命所在，也是自身发展的源头活水。关于高

校服务社会的内涵理解包括广义和狭义两种：从广义上讲，高校具有重要的社会功能和角色，如培养国家和社会所需要的高层次人才，开展科研活动，产出高水平科研成果，推动科学技术发展；从狭义上讲，高校要为社会作出更直接的贡献。川外自建校以来就肩负着为党和国家培养外语人才的光荣使命，始终把服务国家、服务社会放在重要位置。

（二）高校服务社会的主要内容

高校服务社会的主要内容之一就是人才服务。高校通过教育培养国家和社会所需要的人才，为地方经济的发展作出贡献。川外自建校以来，始终坚持国家高等教育人才培养方针政策，为国家和社会培养了一大批优秀外语外交和外事人才。未来高校人才培养将会更具有针对性、计划性，学校将致力于服务重庆地方经济支柱性产业、新兴产业，为社会培养大量的优秀高素质人才。

高校服务社会的主要内容之二是科研服务。高校科研服务主要是指高校充分借助现有的知识资源、科技资源、人才资源等，与社会行业、企业实现优势互补和互利共赢，积极推动科研发展，开展技术开发、项目论证、评审等。高校与行业、企业合作，推动教师科研成果的加速和转化，真正应用到经济和社会发展中，进而提升学校服务社会的能力。

高校服务社会的主要内容之三是培训服务。高校充分借助自身优势资源，如师资力量、场地、设备等，为社会提供各种培训服务，不断开展各种类型的岗位培训服务，进而面向全社会开展资格培训、认定及考核等工作。川外作为西南地区唯一一所外语类高校，始终坚持发挥自身外国语言文学学科优势，与政府、企业、学校合作，在外语培训方面形成了自身的独特优势。学校在不同历史阶段都组织或设立了"夜大学""出国留学生预备部""俄语强化培训班""一部两院"等培训服务机构，为社会提供了优质的培训服务。

高校服务社会的主要内容之四是继续教育服务。高校服务社会功能体现在学校能够利用各种条件为社会成员提供多样化的继续教育环境，在服务过程中通过校企合作、高校之间的合作等，为学员创造更为完善的学习和成长空间。

高校服务社会的主要内容之五是文化服务。高校往往具有较强的文化传播能力、文化辐射能力及文化带动效应。在服务社会方面，高校具有各种各样的学科和专业优势，可以为市民提供教育、医疗、卫生、培训、就业等服务。川外外语学科优势明显，在重庆乃至西南地区都有很强的影响力，学校积极参与重庆对外交往和国际合作。特别是党的十八大以来，随着国家"一带一路"倡议、"渝新欧"铁路建设、重庆内陆开放高地建设等一系列对外开放政策的实施，学校成立了一批智慧平台，积极参与、服务重庆对外开放活动，产生了较大的成效和影响。

二、感恩母校

川外历来关心和支持校友的发展。学校原党委书记王丙申曾在学校第一届校友毕业时谈道："母校愿与毕业同学保持永恒的联系，了解他们的工作情况，为他们负责到底，尽一切可能给他们以精神上或物质上的帮助。"

（一）感恩母校的具体表现

川外学子"在接受校园文化熏陶、学校教育培养的长期过程中形成的与校友、与母校之间产生的情感维系、价值认

① 颜井平，陈凯健.校友意识对校园文化建设的促进作用初探 [J].理论观察，2015 (12)：128-129.

同、服务回馈等意识"①，增加了校友对川外的认同感、归属感、荣誉感和责任感，"川外"两个字在每一代川外人心中都留下了深深的烙印。

川外学子对母校有着强烈的情感依恋。校友们"在校园内学习、成长，接受精神的洗礼和感召，接受知识的教诲和科学的启迪，久而久之形成了对母校的特殊情感，对母校的同学、老师、教学楼甚至一草一木都有归属感、依恋感，在离开母校后依然保持对母校的关注和关心，仍然愿意响应母校的号召"②。

② 同①。

川外学子对母校有着广泛的价值认同。在求学期间，川外学子以母校传播的理想、信念、尺度、原则为追求目标，最终形成自身在社会生活中的价值定位和定向，是校友对学校价值规范采取的自觉接受、自愿遵循、自愿服从的态度。健康的价值认同，对校友的学习、工作产生积极影响，对社会经济发展起到积极的推动作用。

川外学子对母校永远保持着一颗感恩的心。川外学子在校学习和工作期间，受到母校关怀帮助、教育培养后心怀感激，希望在精神和物质上回馈母校，为母校提供力所能及的建言献策、捐资助学、授业解惑等服务和帮助，以各种不同的方式支持母校发展建设，体现着校友对母校强烈的感恩意识和回馈母校的奉献意识。

（二）感恩母校的文化基础

王妮认为："校友文化是感恩母校的文化基础，其含义是指在学校及其前身学习和工作过的学生和教职工共同参与所创造的一种群体文化，属于校园文化中精神层面的范畴，是一所学校在长期育人活动中形成的母校和校友、校友和校友之间的情感维系、价值取向、联络沟通、合作交流、服务回馈等。"①它对校园文化的积淀和传承发挥着重要作用。活跃在社会各界的广大校友群体是所占比重很大并在不断成长的特殊群体，这个特殊群体的文化是树立母校品牌和弘扬大学精神的主要力量，是彰显母校形象的"品牌资源"。

① 王妮. 大学校训育人功能研究 [D]. 兰州：兰州理工大学，2016.

培育丰富和积极向上的校友文化，传承学校精神，不仅需要各地校友积极参与，需要通过丰富多彩的校友活动来孕育和催生，需要杰出校友和典型事迹来集中体现且使之升华，更需要学校领导的重视、全体教职工和从事校友工作的同志的热情奉献，更需要一个科学的校友工作组织机构和不断健全完善的制度来确保工作长期持续开展。要确保川外的校友文化在塑造校园文化内在精神品质上发挥积极的推进作用，使每个川外人都对学校历史具有认同感、自豪感和自信心，形成全体师生共同的价值追求，凝成学校的内聚力。

（三）校友文化的积极作用

校友文化是校园文化传承的重要内容之一。"健康向上的校友文化能润物无声，点点滴滴地融入校园文化的精神中，为学校软实力的提升起着重要作用。"②

② 王建峡.培养校友文化 努力塑造校园文化的内在精神品格 [J].中南林业科技大学学报（社会科学版），2011，5（5）:120-121，131.

校友文化汇聚校友资源。校友"对高校的反哺意识能凝聚校友资源。作为高校建立与社会联系桥梁和纽带的校友，他们的年龄、地域、职业等方面分布广泛。随着校友的事业成功，他们会饮水思源、知恩图报，可以各取所长，充分利用企业、社会、团体等各种社会资源，为母校建设和发展提供物质、人际、科技等方面的各种支持"[1]，还能"使学校迅速把握社会对人才培养的需求，合理调整办学目标和教学内容"[2]，为校园文化建设获得综合性支持。

校友文化汇聚校友经济。"校友经济是以校友为中心点，校友、母校与社会之间所产生的经济交流，给母校、校友以及社会带来客观收益的经济活动。"[3]在经济社会加速改革的进程中，校友也成为学校筹资渠道的重要组成部分，许多校友可以利用他们的社会影响和人际关系，为学校筹资拓展渠道、牵线搭桥，成为学校筹资的重要中介，"而部分有实力的校友将可能直接成为学校投资主体的组成部分，直接通过捐赠、合作建设等方式对高校投资"[4]，而这些资金将成为校园建筑、绿化、雕塑、实验室等校园文化建设的重要来源，建设体现学校特色的文化景观和文化装饰。

校友文化传承爱国精神。校友文化的培养是传承爱国精神的一个重要目标和内容。川外培育了一届届品德高尚、志存高远、为国奉献的优秀校友，校友的成才之路、奋斗精神、百折不挠的品质具有很强的思想教育意义、感染力和影响力。

① 颜井平，陈凯健.校友意识对校园文化建设的促进作用初探 [J].理论观察，2015 (12)：128-129.

② 宋志章，尹鸥，高歌.校友资源在高水平大学建设中的作用研究 [J].教育与职业，2013 (24)：182-183.

③ 同①.

④ 郭胜利，尹登泽.积极筹措校友基金，共谋学校发展战略 [J].教育与现代化，2006 (3)：77-80.

金耀基在《大学的理想》中说："大学像一切组织体，不可能一成不变；变的是发展的契机，但成长的钥匙却在变中保有不变。所有文化的成长都是承续与变迁的结合。"川外的前身是西南军政大学俄文训练团，经受了战火的洗礼、有着厚重的历史记忆及战功赫赫的爱国将领、革命先辈等杰出校友，更多的校友是宣扬爱国主义思想、弘扬中华文化的爱国人士，他们通过经济、文化等各种途径，表达对祖国的热爱，并用自己的力量为祖国的事业添砖加瓦。学校以自身的办学经历、历史事件、革命先辈的事迹及优秀校友的成功案例、先进事迹来感召一代代川外人，完善学校的历史沉淀，有利于传播社会主义道德观念，培养学生的爱国精神、团结精神和坚强意志，促进社会主义核心价值体系建设。

校友文化体现爱校情怀。"人具有社会属性，其发展离不开由血缘、地缘和人缘等组成的社会关系，并从中寻求其社会归宿。"① 社会学研究表明：人类的认知、行为及社会组织的任何一方面几乎都受到情感驱动。在人际互动和群体中，情感是隐藏在对他人的社会承诺背后的力量，情感在人的精神世界中占据了核心地位。爱校之情是校友情怀的根本。母校是校友的精神家园，校园时光是一生难以忘怀的美好回忆，大学生在校期间形成了基本的世界观、人生观、价值观，培育了良好的思维方式，储备了知识技能，母校的辛勤培养成就了很多校友的幸福人生和伟大事业，"校友对母校的爱就源自母校的培育之情，母校无微不至的点滴关怀"② 母校成为广大校友寻根情结

① 颜井平，陈凯健.校友意识对校园文化建设的促进作用初探 [J].理论观察,2015(12):128-129.

② 田莹.大学校友文化及其培育研究 [D].大连：大连理工大学,2013.

的归宿之一，校友们不管身在何处，都非常关心母校的发展，时刻愿意以某种方式回报母校。而校友的外在声誉及他们的支持对学校的发展也是至关重要的，能凝聚更多师生的合力，增强学生对学校的认同感和归属感，形成"今天我以母校为荣，明天母校以我为荣""校兴我荣，校衰我耻"的爱校意识。

服务社会、感恩母校的川外人和川外事

一、外交战线的川外人

1950年4月20日，上级给新成立的西南军政大学俄文训练团下达了教育计划："培养一般通晓俄罗斯语言文字的翻译人才，从事军政机关与经济建设部门的翻译工作""在施教方针上应以文字、口头翻译并重"。俄文训练团从诞生伊始就承载着服务国家、服务人民、服务外交的重任，并激励着一代代川外人在外交战线上乘风破浪、奋勇前行。

（一）艰苦创业，翻译战线支援对苏交往

1950年，中华人民共和国刚刚走出战争的阴霾，满目疮痍、百废待兴，物质、文化条件极为艰苦。新成立的俄文训练团面临着教学人员奇缺、教学材料不足、生活条件很差等方面的巨大困难。但400多名学员不叫苦、不怕难，在艰难的条件中刻苦学习，成为一批优秀的翻译、外交人才。

俄文训练团时期，教材和教学资料极为缺乏。开学之初，每人只有单页的学习资料，后来每人才领到一本《贺青读本》和苏联人写的《中国民族解放斗争史》，一本刘泽荣主编的

《俄文文法》全团合用，甚至只能把日语版的俄日字典《露和辞典》拿来使用。到1951年底，全团也仅有俄文书刊300册、一部留声机和少数斯大林讲话录音唱片。

在这种条件下，学员们发扬抗大精神，勇敢战胜困难。没有黑板，就用油布挂在墙上代替；没有课桌板凳，就坐在地上、背包上学习；缺少纸笔，就用小树枝在地上画写单词；没有电灯，就几个人围着一盏小油灯摸黑读书、会话。学习之余，学员们还要开辟荒地、种菜养猪，轮流值厨挑水做饭，前往码头背米、背煤等。

学员们更是发扬自力更生精神，组织自学委员会，开展群众性的互教互学活动，交流学习经验，开展会话活动；组织俄文广播，优化学习环境，如起床、就寝、出操、上课规定用俄语发号施令。甚至在列队行进中，有人还把写满单词的小纸别在前面的人背上，边走边读；吃饭，嘴还叽里咕噜说着俄语单词；睡觉，做梦也在背诵俄文。自学委员会要求每人每天会话若干句，形成制度，自觉遵守；组织俄语讲演赛，自己编写选题，自己登台讲演，大大提高了俄语学习效果。

一分耕耘，一分收获，俄文训练团时期产生了320多名俄文翻译，他们牢牢记住了常用单词，熟练掌握了语法知识，具备了初步的听说能力及较好的阅读翻译能力，为进一步学习提高打下了良好的基础。李立学了6个月就调往校部给苏联顾问当翻译；蒋锡淮学了8个月就调到炮兵司令部工作；马葆华、吕道权等50名学员学了1年左右就调往南京军事学校一面工作，一面继续学习；刘善继、姚宏德等15人于1951年10月调往中央军委军训部任翻译。后来，他们中不少人成为知名教授、资深翻译家，在翻译战线为中华人民共和国成立之初的对苏交往贡献出了自己的力量。

（二）远渡重洋，外事工作彰显川外人的担当

军大传统，薪火相传，从人民军队走出来的川外，继承了人民军队的光荣革命传统和使命精神，始终把服务国家、服务人民视为己任，一批批外语人才走过三花石，走过文星湾，走出川外，走向世界。他们中涌现出了一群远渡重洋从事外事外交工作的优秀人才，产生了马维茂、陈国焱、袁国厚三位共和国大使。

袁国厚，是学校1964届毕业生，曾任中国驻贝宁共和国全权大使和中国驻刚果（布）共和国全权大使。袁国厚是重庆北碚人，少年时家境贫寒，家里世代务农。1960年，袁国厚从北碚兼善中学提前毕业，保送到四川外语学院法语专业。当时，法语专业的首届学生面临着艰难的学习条件：外文图书资料奇缺，外国广播禁止收听；全系仅有一台录音机，只有上听音课时才有使用机会；学生中连一本法汉辞典都很稀罕。正是在这种条件下，袁国厚以优异的成绩被外交部选中，于1964年春天被选送到外交学院集中培训，后进入外交部工作。

图4-3 大学时代的袁国厚（后排中）

1973年，受外交部委派，袁国厚到法新社北京分社担任翻译。在法新社的工作辛苦异常，袁国厚天天与时事报道打交道，上至国家大事，下至民间琐事、天文地理、历史文学、

经济教育，各行各业的知识都得涉及。袁国厚放弃了节假日，晚上加班加点学习，练就了过硬的口译、笔译、写作水平。1982年他被外交部抽调担任外交官，开始了20余年驻外外交官的生活。

袁国厚先后在中国驻突尼斯大使馆、中国驻阿尔及利亚大使馆、中国常驻联合国日内瓦代表团工作，主要工作是开展外交调研、外交政策研究、形势分析、对出现的外交案例进行分析判断、给大使和外交部提出建议等等。20世纪90年代末期，袁国厚奉调回国先后担任外交部西亚北非司、非洲司的领导工作，后来又担任外交部机关党委副书记，专职负责政治工作。1999年开始，袁国厚又出国陆续担任中国驻贝宁共和国全权大使、驻刚果（布）共和国全权大使，直到2003年回国述职。

图4-4 袁国厚向法语系赠送纪念品（2010年，川外）

尽管身在海外，袁国厚始终不忘故土、不忘母校。1998年秋天，他组织20多位驻外大使、参赞及外交部各司司长来重庆参观，实地考察直辖后重庆的变化。每次回到重庆，他都要去看望昔日的老师，念念不忘叶叔良、萧子风、林春山、吴怀刚等老师的教诲。

（三）指点江山，国际问题贡献川外智慧

1982年暑假的一天，阮宗泽意外地收到了川外的录取通知书。彼时，他正在家乡四川叙永埋头阅读。那是他第二次

参加高考，"一个月看二三十本书，是为了驱散漫长等待中的焦灼"。

从小县城考到大城市重庆，川外为他打开了一个陌生而精彩的世界。而选择英语为专业，仿佛"多给了我一双眼睛，多给了我一双耳朵，多给了我一张嘴"。"到川外求学是我人生一个巨大的台阶，也是一生的幸运。至今我仍满怀感激。"回忆起在母校的时光，阮宗泽感慨万千。

然而进入学校后，阮宗泽却遭到了一个打击，他的英语发音总带着家乡口音，让他感到沮丧且充满压力。这个时候，周围的老师、同学热情地帮助他，耐心地为他纠正发音，让他更快地融入川外生活。大学期间他曾担任过大学生记者团的记者，在学校校报上发表过不少文章。此外，他还组建过书画社等社团，和志同道合的同学在一起做喜欢的事，也成为他大学生活中最美好的一段回忆。

1986年从川外毕业后，阮宗泽进入中国人民大学国际政治系学习，毕业后进入中国国际问题研究所工作。此后，曾任中国国际问题研究所综合研究室主任、中国国际问题研究所副所长、中国驻美国使馆公使衔参赞、中国国际问题研究院常务副院长和党委副书记，现任中华人民共和国驻布里斯班总领事，出版《中国崛起与东亚国际秩序的转型：共有利益的塑造与拓展》《第三条道路与新英国》等专著，是美国外交、大国关系方面的专家，享受国务院政府特殊津贴，是外交部公共外交咨询委员会委员、中央电视台《今日关注》特约顾问、东盟地区论坛专家名人小组中方专家名人。

"除了故乡和北京，我人生当中连续度过4年的城市只有重庆、伦敦、华盛顿。大学的四年生活对我的影响极大。"虽

图4-5 阮宗泽回母校为师生作讲座（2019年6月，川外）

然足迹遍及世界各地，也常成为央视节目嘉宾，但阮宗泽时刻关注着川外和重庆的发展。

2019年6月，阮宗泽返回母校，为学校师生作了《从川外走向世界》的专题讲座，他寄语川外学子一定要学好外语，外语是我们的"看家本领"，要有"外语+X"的意识，以外语为核心，争取成为复语型、复合型人才。谈及母校和重庆的发展，阮宗泽认为，"一带一路"颠覆了"西部是开放的后方"的传统观念。如果放在国家改革开放的大局中来看，西部大开发和"一带一路"的意义是紧密相连、不谋而合的。在他看来，在全球化时代，重庆要抓住这个千载难逢的机会，就必须融入世界的发展。"现在的重庆已经是开放的前沿和高地，要当仁不让，挺身而出，主动强化共同体意识，引领内陆开放高地建设。"他对此"支招"：要培养自身的造血功能，特别发挥在渝科研机构、高校的作用，加大对科研的投入，还要通过降低外籍人员在重庆居住和创业门槛、多举办大型国际活动和会议等方式提高重庆的国际化水平，吸引优秀"外脑"，让世界更关注重庆。"在重庆的对外开放大潮当中，川外作用独特，要挺身而出、当仁不让。习近平总书记视察重庆重要讲话，不仅是对重庆的殷切期望，更是川外发展的大好时机。培养涉外人才是川外的特色，只有宽广的舞台才能吸引和调动更多的人才。所以学校要将人才培养和服务地方经济社会发展结合起来，以更远的眼光和更广的胸怀进一步彰显川外的价值。"阮宗泽对母校的发展寄予了厚望。

（四）志存高远、躬身川海，勇担时代责任

"志去星辰外，躬身川海间。"2022年6月毕业季，学校歌乐楼挂上这么一个条幅，深刻展示了新时代川外学子目标高远的志向和勤奋刻苦的品质。近些年来，不少"90后""00后"年轻学子在母校光荣历史的熏陶下、在前辈感人事迹的激励下，从入学之初就立下从事外事外交工作的高远志向，刻苦勤奋提升外语水平，开放包容吸收综合知识，每年都有川外学子毕业后进入外交部工作。

2019年12月2日至5日，国际志愿者论坛在俄罗斯举办，颁奖仪式上，一位中国女孩的面孔出现在俄罗斯总统普京身旁，并留下一张具有深刻纪念意义的照片。她就是学校2017级俄语系学生许函睿，随后，20岁的她在自己的社交平台上立下了"十年之内站在普京身边"的Flag。这个Flag，大多数人都不敢轻易立下，但许函睿却不是一时兴起。因为早在大二时，她就被外交部录取，理论上毕业之后就可以去外交部工作了。所以，她希望今后以一个外交官的身份站在普京身边。全国大学生模拟金砖国家会议最佳代表、2019"模拟亚太经合组织"国

图4-6 2017级俄语系学生许函睿（左一）在国际志愿者论坛（2019年12月，莫斯科）

家二等奖、2019俄罗斯索契国际志愿者论坛中国代表、2018亚太经合组织未来之声青年创新论坛中国代表、全国大学生英语能力竞赛重庆赛区特等奖、全国大学生英语辩论赛国家一等奖，这一系列的经历和奖项向我们展示了一名川外学子在国际交流活动中的热情和成绩。

近年来，学校依托外语专业优势开展多语言青年志愿服务，广泛参与重庆市大型涉外赛会志愿服务工作。学校每年组织近千名学生志愿者参与世界电子竞技运动会（WESG）全球总决赛、"一带一路"国际技能大赛、中国西部国际投资贸易洽谈会、上海合作组织地方领导人会晤、"一带一路"陆海联动发展论坛、中国国际智能产业博览会、中新（重庆）战略性互联互通示范项目金融国际峰会、重庆英才大会、亚洲相互协作与信任措施会议等大型涉外赛会志愿服务，受到国外来宾一致好评。不少同学在其中得到锻炼，更加坚定了从事外事工作的决心。

2019年，在纪念五四运动一百周年之际，法语意大利语系2017级学生刘俊凯说道："历代青年所处时代不同，人生际遇相异，但爱国情怀当一脉相承，奋斗拼搏应为青春底色。去年，我成功通过外交部人才选拔考试，成为定向培养人选。作为一名准外交青年，我愿将自己的梦想融入'中国梦'和'世界梦'中，尽早成长为中国特色大国外交的生力军与接班人。五四火种在心，

图4-7 学生刘俊凯获"外研社杯"第十四届全国高校法语演讲比赛全国总决赛一等奖（2022年，广州）

先辈夙愿在胸，复兴大任在肩。作为新一代青年人，我们应担当时代使命，在担当中历练，在尽责中成长，让人生在实现中国梦的奋进追逐中展现出勇敢奔跑的英姿!"

二、语言培训，服务社会

（一）突击培训俄语人才

中华人民共和国成立之初，国家百废待举，尽快恢复国民经济既需要全国人民艰苦奋斗，也需要国际上的支持。当时，以美国为首的资本主义阵营对新中国进行抵制和封锁，为了取得国际上的支持，中国政府只能采取"一边倒"的政策，依靠以苏联为首的社会主义阵营。因此，在最短时间内培训出一批俄文翻译干部，成为新生共和国的当务之急。上级党组织决定，在西南地区由中国人民解放军西南军政大学承担这一任务，川外的前身——西南军政大学俄文训练团便顺应时代要求在1950年4月诞生。俄文训练团创建初期，上级最初下达的学习期限为一年，并要求力争在8~10个月内完成计划，带有明显的速成培训性质。

在俄文训练团时期，大多数教师、助教并没有教学经验，速成突击更是一种全新的教法。在物资和教学资料极为匮乏的年代，俄文训练团400多名师生团结一心，总结出了一套行之有效的教学、学习方法。"任何好的教授法尽管具体做起来是多种多样的，但它若要行之有效，就必须包括和贯穿着一个总的前提、四个组成部分、三个原则的要求。一个总的前提是：一个教学工作者，先要了解、研究并逐步熟悉掌握自己的教育对象。四个组成部分是：准备课、讲授课、帮助学员掌握课、督促检查和总结提高。以上四个组成部分中还要

图4-8 苏联专家叶夫塔基娅在学校上课（1957年，重庆）

贯穿三个原则：群众路线的民主教学原则，学以致用、学用一致的原则，教师全心全意忠实于工作的精神也就是忠实于学员、忠实于教育计划、忠实于自己的教学工作的原则。"同时，学生也形成了用心专一、勤奋刻苦、讲究方法、团结互助的学习精神。最终，俄文训练团在两年时间里为国家培养了320多名俄语翻译，其中60多名提前调出参加工作。

此后，俄文训练团转战地方，成立西南俄专，建设正规的三年制俄文专业，继续为国家培养俄语人才。

（二）大力开展多种形式的业余外语教育

1959年5月，西南俄专扩建为四川外语学院，设四年制俄语专业和英语专业，后陆续开设法语、德语、西班牙语等专业。学校在不断发展壮大的同时，始终没有忘记语言培训服务社会的初心使命。

1978年8月28日至9月10日，教育部在北京召开全国外语教育座谈会，会议确定今后一个时期发展外语教育的方针是：千方百计提高外语教学质量，切实抓好中小学外语教育这个基础，在办好高等学校专业外语教育和公共外语教育的同时，大力开展多种形式的业余外语教育。

1979年12月22日，我校成立出国留学生预备部（1981年更名为出国留学预备人员培训部），陆续开设英语、德语、法语等专业，学制为半年至一年。1982年4月，重庆考试中心在我校成立；1984年1月，受四川省高等自学考试委员会委托，学校担任英语专业自学考试主考学校；1985年9月，学校成立夜大学，开设夜大学英语班；学校成立成人教育学校。多种形式的外语教育在川外热火朝天地展开。

图4-9 学校夜大学日语专业首届毕业生合影（1989年7月，川外）

据校友、退休教师何根惠回忆，1988年，她曾负责办了一个"俄语强化培训班"，学员都是四川和重庆各高校的理工科老师，年龄都在40岁左右，有的已近50岁，而且基本没有学过俄语，没有大纲、没有教材，但要求一年内要通过国家外语水平测试，派往苏联访问进修，教学难度极大。通过教师和学员7个月的共同努力，82%的学员通过了国家外语水平测试，被派往苏联。

这一时期的学员也获得了优异的成绩。1994年出国培训部学员罗韶颖在托福考试中获得最高成绩，听力、语法、词汇、阅读理解均获满分，总分达677分，远远超过美国任何名牌大学对外国学生所要求的成绩。

不少学员在川外接受外语培训后走出国门，并逐步成长为知名的专家、学者。如中国工程院院士、野战外科学专家王正国是1980届校友，在我校接受外语培训后以访问学者身份赴美国学习，回国后在中国人民解放军第三军医大学野战外科研究所工作，1994年当选为中国工程院首批院士（医药卫生学部）。

（三）"一部两院"开展多种培训

2005年，学校成立国际教育中心，2008年更名为国际教育学院，与出国培训部、继续教育学院合署办公，简称"一部两院"。

出国培训部在长期培训基础上，开展国家公派出国外语培训、企事业单位团体外语培训、托福雅思SAT及英语听说系列培训、外语师资培训、小语种培训等多种项目。国际教育学院拥有教育部批准的中澳项目，与教育部留学服务中心开展全面战略合作，涉及8个语种、12个项目，同时为来华留学生提供汉语语言文学本科学历教育和汉语语言培训。"一部两院"设有重庆塞万提斯语言中心、俄语中心、意大利语中心等中外语言文化教育机构、海外考试中心及出国留学咨询服务有限公司，为学生提供外语培训、外语考试、留学咨询及学校申请等全方位服务。经过40余年的持续耕耘与不断创新，出国培训部建构起一套完整的短期外语强化培训体系，为高校、科研院所、企事业单位选派的学员及个人外语学习者提供不同类别、不同层次的8个语种的外语语言综合技能培训、专门用途外语培训、出国留学外语考试及跨文化交际课程培训。40多年来，6万余位学员在川外培训大社区相遇成长，结下了浓厚的"歌乐情缘"。

虽然培训时间较短，但不少学员都与川外产生了深厚的感情。

中国科学院计算机网络信息中心"百人计划"研究员、博士生导师杨小渝是1999年秋季川外出国培训部高级英语强化班学员，他回忆："1998年 9月4日—1999年1月22日，在川外出国培训部高级英语强化班学习。经过3个多月的学习，于1999年1月参加托福考试，成绩563分。之后拿到英国5个大学的offer，由于德蒙福特大学（De Montfort University）提供3000英镑的奖学金，最终选择到英国德蒙福特大学攻读计算机硕士、博士学位，后去剑桥大学进行博士后研究。川外环境优美，出国培训部老师教学认真负责。3个月的强化培训，使我的托福成绩有了极大提升。当时用心学习、挑战听力、模拟考试等情景至今仍然记忆犹新；每天下午5—7点，来自全国各地的学员在出国培训部门前的小操场放松身心，打羽毛球，那真是一份难得的惬意与开心。"

中南财经政法大学教授、博士生导师陈柏峰是2012年春季川外出国培训部国家公派访学高级英语培训班学员，他认为："川外的英语教学模式具有强大的激发性和有效性。我这种不敢、不善于口语表达的学员，在这种教学模式下也变得勇敢起来。基于交际式、任务式的外语教学理念，负责敬业、高水平的川外老师积极引导学生把听、说、读、写与跨文化交际学习有机融合，鼓励学员参加多种形式的交际式英语活动，如日常英语会话、热点话题英文讨论和英文学术报告陈述等，营造出充满活力、积极暖心的学习氛围。川外的校园环境极好，各种体育设施健全。羽毛球、乒乓球是我们经常参与的运动，尤其是每日可及的歌乐山攀登运动至今让人怀念。在川外学习的4个月，我们劳逸结合、有效学习，不但开启了赴国外大学的研修之门，还让我们对健康的生活、学习和工作有了更深刻的领悟。"

贵州医科大学附属医院神经外科副主任医师、贵州省预防医学会癫痫病防治专业委员会常务委员、南佛罗里达大学神经外科博士后徐卡娅发表在川外的学习感悟时说："2014年9月，收到赴川外培训通知时，心情喜忧参半，喜的是能逃回学校这个避风港，开启4个月的校园生活，忧的是这次学习能否助力自己通过公派出国英语统考。虽然一直认为英语是自己的优势学科，但自己对英语的运用仅限于阅读和模板式的学术写作，听说交际能力依旧薄弱。在老师们精心专业的指导下、同学们的热心支持下，4个月的学习时光充实而美好，我掌握了更加科学有效的外语学习策略、英语交际能力，跨文化交际意识得到了很好提升。难忘的川外歌乐学习驿站让我再次感悟，在还没有长成自己想要的模样之前，我们都要马不停蹄、努力向上、向阳而生、逆风翻盘。"

2020年底，学校再次进行机构调整，原国际教育学院更名为国际学院，与出国培训部合署办公，简称"一部一院"；继续教育学院更名为网络与继续教育学院。

调整后的"一部一院"和网络与继续教育学院充满新的活力，以崭新的面貌迎接来自全国各地的学员。

三、感恩母校的川外行动

70多年来，学校励志图强、开拓进取，为国家培养了10

万余名合格涉外人才。他们中有商界名流、学界权威、外交英才、军中翘楚，他们在各自的岗位上建功立业、无私奉献，以他们卓越的外语才华和交流能力、家国情怀和国际视野，为国家和地方经济社会发展作出了贡献。来自世界各地的川外校友们感恩母校，对川外的发展给予了热切关注和鼎力支持。他们慷慨捐赠助力学校发展，以各种方式回馈母校，尽显对母校的拳拳之心和款款深情。

（一）彭建虎校友的川外情节

彭建虎是川外英语专业1985届校友，重庆冠达控股集团董事局主席、世纪游轮创始人，也是建成国内首艘电力游轮、创造长江游轮第一股的"长江船王"。

2001年，三峡地区迎来了一波旅游高峰，彭建虎的公司在当年的收益量猛涨，并继续扩大了自己的租船规模，但是问题并没有得到完全解决。2003年，席卷全国的"非典"让旅游业再次陷入低谷。但是这个时候彭建虎开始造船了，并且和当时全球最大的内河航运企业瑞士维京游轮公司合作，正是他流利的英语和高情商获得了对方的认可，对方答应包销游船的席位并预付款项，就是这一笔钱将公司的资金缺口补上了。之后三峡地区的第一艘豪华游船下水首航，当时这艘船受到了市场的强烈欢迎，吸引了大量来自东南亚和欧洲的游客。到2005年，公司已经实现营收逾千万元。2010年，公司旗下已经有了多艘豪华游轮，并且不断创新，斥资两亿元打造了国内第一艘电力游轮，其中他的专利就有20多项，除此之外，公司还于2011年在深圳成功上市，成为我们国内游轮企业的第一支股、旅游民营企业的第一股。

其实他从游轮起步的时候就没有将眼光局限于内河流域，

而是直接向全球最顶尖的欧洲游轮看齐，并且开始进军旅游的相关产业链，酒店航空和景区开发等业务不断崛起，逐渐将公司从简单的游轮发展到综合性的旅游集团，目前，其公司旗下已有16家分公司，规模庞大。

从川外毕业后，彭建虎对母校一直有着深厚的情谊，时刻关注着母校的发展，他说："在川外英语系学习的这几年大学时光令人终生难忘。"彭建虎认为，正是因为在川外打下的扎实的外语基础和国际化教育带来的国际化视野，让他在没有互联网的年代，对国内外经济形势和市场前景的判断具备了独到的眼光。"我在川外的四年生活让我终身受益，特别感谢我的母校和我的老师。"

2010年，川外成立六十周年华诞时，彭建虎校友向学校捐赠100万元，设立川外"建虎奖学金"，助力川外学子教育发展。2016年，彭建虎再次回到母校，捐资300万作为教育发展基金，支持川外"语言加专业、理论加实践"的学科建设和人才培养，并继续捐资50万元为学校购买优质精品课程。2018年，为助力母校全面发展，彭建虎再次捐赠850万元用于游泳馆建设。

图4-10 彭建虎在学校"建虎游泳馆开馆仪式"上致辞（2020年10月，川外）

除了捐资助学，彭建虎校友还对学弟学妹的学习和发展给予关心与指导，他以自身的学习和工作经历，指出成功需要"思维、思想、抱负"三方面的准备，建议同学们提炼思想，跳出专业局限，学习借鉴成功者的思维方式，多读经典，树立稳定的世界观，坚守仁义礼智信的底线，立志高远，排除杂乱信息的纷扰，在自己擅长的领域力创佳绩。

（二）川外人和川外校门的故事

川外走过了70多年的风雨，经历了五易校名、四迁校址。不同年代的川外校友纷纷捐资，用于川外校门修建，因此，川外各个时期的校门也见证了一代代川外学子的赤子之心。

2000年，为庆祝川外成立五十周年，法语系1972级校友樊迎朝慷慨捐赠100万元修建了崭新的校门。樊迎朝校友自毕业后，始终不忘初心，砥砺奋斗，很早就成为河南省旅游战线的精英。20世纪80年代后期，他进入香港，闯出

图4-11 返校参加五十周年校庆的1972级校友在樊迎朝捐建的新校门前合影（2000年5月，川外）

了一片天地，多年来致力于国家投资建设，对国家的繁荣发展

图4-12 樊迎朝校友捐赠的《法汉大词典》

作出了积极的贡献，并历任港澳区河南省政协委员。

在母校成立五十周年（2000年）时，樊迎朝校友还为法语系老师十年磨一剑所付出的心

血——《法汉大词典》的出版给予了有力的资金支持。在五十周年校庆期间，他购买了100余套《法汉大词典》送给每一位返校参加庆典的法语系校友。为此，母校颁发了荣誉证书，以感谢他对母校和法语系的关心与支持。他的慷慨善举被母校和众多校友铭记在心。

2019年，法语系1960级校友赵崇新捐赠100万元，用于川外新建大校门、美化校园环境、提升学校形象。

图4-13 赵崇新捐修的川外校门全貌

1964年，赵崇新校友毕业于川外法德系法语专业，是川外法语专业第一届毕业生。毕业后，他留校在法语系工作，后调入学校电教馆担任馆长。在任期间，他充分发挥聪明才智，一心扑在工作上，使电教馆各项工作蓬勃发展，深受学生的好评，电教馆也被誉为"学生之家"。他的相关先进事迹曾受《重庆日报》报道。赵崇新策划拍摄了纪念川外日语外教的纪录片《我们不能忘记他的名字——记日本友人石川一诚先生》。该纪录片先后在重庆台、中央台和日本国内播出。后来川外老院长群懿到日本访问时，将该片剧本和录像带赠送给石川一诚先生的遗孀，此事受到朝日新闻、读卖新闻等媒体报道，产生了积极的国际影响。除此之外，赵崇新还策划拍摄了《今日川外》《小城风光》（重庆合川区宣传片）等纪录片，不遗余力地宣传川外和重庆的发展。

2000年，赵崇新受国家委派前往刚果共和国，担任两家央企授权的代理人，在十几年国际竞争中一举完成了包括刚果（布）最大水电站——英布鲁水电站项目（合同金额4.5亿美元）在内的超17亿美元的项目工程。他出色的业务能力和诚挚善良的优秀品质，不仅取得了当地政要的认可和信任，还与当地人民结下了深厚友谊。他为国家技术和设备输出四处奔走，建言献策，为促进中刚（布）关系和双边经济发展作出了卓越贡献。

因其卓越贡献，赵崇新先后两次荣获刚果（布）高等级勋章。在刚果（布）国庆阅兵式上，赵崇新作为特邀代表，荣列主席台。刚果（布）政府还特批1公顷土地给他修建庄园，并派两名总统府卫兵负责他的安保工作。常驻刚果（布）的中国企业和华侨、华人遇到问题或困难，常常找他帮助解决。赵崇新古道热肠、人脉通达，因此他还收获了中刚友谊"民间大使"的美誉。

多年来，赵崇新校友一直关心、关注川外的发展，多次捐款助学。2006年4月，他出资10万元设立"崇新奖学金"。2007年10月，他继续捐赠4.8万元设立"崇新助学金"，资助4名贫困大学生在校学习。2008年10月，他再次捐赠10万元，扩充该奖学金，以激励法语系学生奋发向上。赵崇新校友经常勉励川外学子："要刻苦学习，努力拼搏，毕业后回报母校，为法语专业和母校的发展贡献一己之力。"

除了捐资助学助建，赵崇新校友还长期关心法意语系的专业建设和毕业生就业。他先后数次组织法语系老师们参加团建活动，增强集体凝聚力。同时，他引荐了许多毕业生进入大型国企赴非洲工作，为他们创造了极好的工作机会。他还经常邀请在刚果（布）工作的川外毕业生到他家聚会，像关心自己的孩子一样在生活上和经济上帮助他们，为他们营造温馨的工作氛围。

（三）各类校友奖学金、奖教金的设立

为表达对母校培养的感谢之情，众多川外校友纷纷通过捐赠的形式设立奖学金、奖教金，支持学校教育事业发展。截至2022年6月，广大校友共捐赠468.5万元。

2020年9月10日，适逢教师节，为了感谢母校的培育之恩，献礼母校七十华诞，川外英语系2002级校友李善兵捐资200万元助力学校教育事业发展。根据李善兵校友意愿，捐赠款中100万元用于设立"善教奖"，奖励教学优秀的老师；另外100万元用于设立"善学奖"，奖励英语演讲比赛或辩论赛获奖的同学或组别。李善兵校友捐资奖教、奖学的善举体现了川外校友对母校的深情厚谊和对学校事业发展的支持与关心，同时也成为学校加快建设发展的动力。除捐赠设立奖学金、奖教金，李善兵校友所在公司一直坚持每年都在川外招聘毕业生，公司里现有60余名川外校友一起奋斗，依托川外培养的优秀外语人才，通过互联网获取海外的客户，把中国制造的优质产品销售到全世界去。

川外英语专业1972级校友黄大清、邱蕾夫妇对母校情谊深厚，毕业

图4-14 李善兵向学校捐资设立奖学金、奖教金

多年仍时刻关注母校的发展，一直希望为母校的工作和发展贡献力量。2020年10月，在川外七十周年华诞之际，黄大清、邱蕾夫妇向母校捐赠50万元，设立"贫困优秀学生奖学金"。2022年5月，黄大清、邱蕾夫妇再次捐款5万元，用于支持学校校友会的建设和发展。

图4-15 黄大清、邱蕾夫妇向学校捐资设立奖学金

2020年10月，日语系1987级校友余斌向学校教育发展基金会捐赠款项共计35万元，用于日语系教育事业发展，感恩曾经为日语系的发展作出贡献的退休教师，帮助经济困难的日语系学子。

校友们虽然在不同的行业岗位，却始终铭记母校的培养，为母校的发展不断贡献力量。

图4-16 余斌捐资助力学校发展

（四）"我爱川外"校友林

川外的发展和建设牵动着广大校友的心，也是海内外校友共同关注的大事。为回应广大校友助力母校的赤诚之心，学校专门在西区校园内开辟绿地建设校友林，种植校友树，以此作为校友心系母校的载体，寄托对母校的深深眷恋和感恩之情。

2022年4月，为感恩母校的教育与培养，为给年轻的学弟学妹们创造更好的学习环境，深圳校友会捐赠15万元，用于"我爱川外"校友林首期樱花林的打造。作为深圳校友会的代表，法语专业1972级校友周世珍在"我爱川外"校友林捐赠仪式上表示："一朝川外人，一生川外情，深圳校友们始终牢记

图4-17 深圳校友会捐资建设"我爱川外"樱花林

母校恩情，牵挂母校的发展，祝愿母校桃李芬芳、再创辉煌。"

以赵崇新（1960级）、樊迎朝（1972级）、周世珍（1972级）、陈斌（1979级）、彭建虎（1981级）、杨悦（1986级）、李善兵（2002级）等为代表的一批又一批广大校友和校友会组织对学校事业发展的大力支持，是川外不断发展的重要推动力量。学校正以"十四五"和中长期规划为目标引领高起点，"不断优化适应新发展格局需求的教育结构、学科专业结构、人才培养结构"①，充分重视人才培养和智力成果，不断丰富目标内涵，明确"拓空间、聚英才、

① 朱孔军.以新发展格局引领高等教育高质量发展［J］.红旗文稿,2021(3):36-38.

强特色、创一流"的目标方向，迎接时代风向，以新的高度、新的理念、新的能力、新的格局，勠力同心、携手共进、不懈追求、努力奋斗，扎实推进高水平应用研究型外国语大学建设，努力开创学校事业发展的新局面。

"谁言寸草心，报得三春晖。"川外在老一辈无产阶级革命家的关怀下诞生，在党和国家及地方政府的支持下成长，在新时代的春风中昂首阔步向前迈进，川外始终不忘服务国家、服务人民、服务社会的宗旨，一直发挥学科专业特长服务国家和地方经济发展。特别是近年来学校确立了建设"高水平应用研究型外国语大学"的办学定位与发展目标，主动对接国家"一带一路"倡议和中华文化"走出去"战略，积极服务重庆内陆开放高地建设，致力于培养强外语、厚人文，具有中国情怀、国际视野、交流才能、善合作、能创新的外语专业人才和高素质复合型、应用型国际化人才。

"一朝川外人，一生川外情。"川外学子秉承"海纳百川学贯中外"的校训和"团结、勤奋、严谨、求实"的校风，把川外的文化融入血液，把川外的精神烙进骨髓，尽管身处天涯海角，始终不忘母校深情。他们中既有耄耋老人不远万里寄信传书关怀母校成长，也有年轻学子奋勇拼搏为学校争得荣誉；既有功成名就的企业家为母校慷慨解囊，也有初出茅庐的年轻校友为母校添砖加瓦……"清风吟，杏林雨，青春不负卿；临嘉陵，依山景，一生川外情。"

70多年来，川外人始终不忘服务社会、感恩母校的价值追求，今后也将以更大的热情和力量服务国家与社会改革发展。

05

第五章

始终坚守为党育人、为国育才的光荣使命

郑惠申和川外人的
"一观一念一理三点一律"

图5-1 郑惠申被评为二野军大第三期一等学习模范（1949年9月）

郑惠申，1929年4月出生，江苏南京人，1949年5—10月，在中国人民解放军二野军大预科学习，1950年3月加入中国共产党。郑惠申从建校时，就在川外学习、工作，分别从事马列主义理论教学、行政管理等工作，1983—1987年，任学校党委委员、副院（校）长，1987—1989年任校级调研员、兼任《世界儿童》杂志社主编，并于1989年离休。郑惠申在川外工作近40年，他见证了学校的历史沿革、发展历程，作为马列主义教师和学校领导，对川外为党育人、为国育才的光荣使命有着深刻的感受。

2018年7月10日，年近90的郑老在回忆川外建校初期的情况时，仍思路清晰，精神矍铄。他回忆道："我永世难忘的是刘伯承元帅在二野军大开学时的报告、邓小平同志所作的'过关问题'大报告。首长们的报告起到了'校长政委施明训，拨雾扫霾明航向'的作用。"他认为，参加革命后的第一次学习，前后8个多月，虽时间不长，却取得了刻骨铭心、熔铸灵魂的收获。在气势磅礴、天翻地覆社会大变革时代的影响下，在解放军人民军队一切皆新的学习生活和干部战士榜样作用的熏陶中，在"三史课"（社会发展史、中国近代革命史、中国人民解放军军史）的启蒙教育下，在战争环境中长途行军的锻炼和考验中，我们取得了被第一代川外人称作"一观一念一理三点一律"的收获，即"全心全意为人民服务的人生观""永远跟着共产党干革命的政治信念""共产主义理想""劳动观点、群众观点、阶级观点和资本主义必然被社会主义所取代的人类社会发展的客观规律"。

图5-2 郑惠申接受《记忆川外：口述校史》（第一辑）编写组人员采访（2018年7月，川外）

郑惠申说："这'一观一念一理三点一律'成了我和同时代川外人终身不渝的思想观念。源深、情长！我觉得，这也是我们当年对党、对国家、对人民立下的'初心'和'使命'！这是川外人政治品格形成的根基和底色，是第一代川外人走上革命人生之路的起点，她决定性地影响着川外的发展，影响着川外革命传统和特色的形成。"

青春朝气是党兴国强的
强大动力

  时光不老，青春正好。1921年，一艘红船载着信仰的星星之火扬帆，逐渐点亮了中国大地，中国共产党的诞生成为中国历史上开天辟地的大事件！从上海石库门到嘉兴南湖，小小红船承载着人民的重托、民族的希望，越过急流险滩，穿过惊涛骇浪，成为领航中国行稳致远的巍巍巨轮。百年征程波澜壮阔，百年初心历久弥坚。中国共产党始终坚守着为中国人民谋幸福、为中华民族谋复兴的初心和使命，始终保持着努力拼搏、勇往直前的奋斗精神。

  立志中华民族千秋伟业，百年恰是风华正茂。从1921年到2023年，在一百多年波澜壮阔的历史征程中，中国共产党紧紧依靠人民，跨过一道又一道沟坎，取得一个又一个胜利，把中国共产党为什么能、马克思主义为什么行、中国特色社会主义为什么好的答案，书写于神州大地的沧桑巨变中，书写于亿万人民的美好生活中。

  教育是国之大计、党之大计，是中国共产党始终念兹在兹的头等要事。在那个充满光荣与梦想的觉醒年代，最早的一批中国共产党人中有不少人从事教育工作，并把"教育救国"作为重要的使命担当。正如陈独秀先生所说："青春如初春，如朝日，如百卉之萌动，如利刃之新发于硎，人生最宝贵之时期也。"未来属于青年，希望寄予青年。我们党历来高度重视青年，党的十八大以来，习近平总书记每年五四前后，都通过座谈、考察和回信等方式关怀青年、寄语青年。

党的十九届六中全会在《中共中央关于党的百年奋斗重大成就和历史经验的决议》中指出："党和人民事业发展需要一代代中国共产党人接续奋斗，必须抓好后继有人这个根本大计。"该《决议》把干部、党员、人才都纳入后继有人的范畴，明确了培养造就大批堪当时代重任接班人的关键点，必将有力推动形成青蓝相继、薪火相传的生动局面。党的二十大报告指出："青年强，则国家强。当代中国青年生逢其时，施展才干的舞台无比广阔，实现梦想的前景无比光明。全党要把青年工作作为战略性工作来抓，用党的科学理论武装青年，用党的初心使命感召青年，做青年朋友的知心人、青年工作的热心人、青年群众的引路人。广大青年要坚定不移听党话、跟党走，怀抱梦想又脚踏实地，敢想敢为又善作善成，立志做有理想、敢担当、能吃苦、肯奋斗的新时代好青年，让青春在全面建设社会主义现代化国家的火热实践中绽放绚丽之花。"

抓好后继有人这个根本大计，落脚点在于引导和鼓励青年要敢于奋斗、敢于拼搏，即使立鸿鹄之志，也当存高远志向，力图做大有可为、大有作为的新时代青年，做民族复兴可靠的接班人。自古英雄出少年。在漫漫历史长河中，人类社会青年英雄辈出，中华民族青年英雄辈出。在我们党领导人民进行革命、建设、改革的伟大历史进程中更是青年英雄辈出。

在浩瀚的历史长河中，无数仁人志士在青年时代就初露锋芒，创造了彪炳史册的辉煌业绩。

中国古代历史中不乏这样的青年才俊，并青史留名。孔子"十有五而志于学，三十而立"，创立儒学，周游列国十四年载，宣扬正道，光照千秋。楚国屈原虽出身贵族，但因自幼生活在民众之中，十分同情贫穷的百姓，从儿时起，小小年纪的他便做了许多体恤民众的好事，更是基于年少便对普通民众怀有的同情怜爱之心，屈原在成年步入政坛后，依旧牢记于心，坚持"美政"理想，谋求人民幸福，与腐朽的楚国贵族集团进行斗争。司马迁一心钻研史学，20岁开始游历生活，足迹遍布大江南北，广泛地搜集资料、核查史实，最终完成了"史家之绝唱，无韵之离骚"的《史记》。诸葛亮20岁起辅佐刘备，指点江山，纵横天下，协助刘备建立蜀国，形成三足鼎立之势。金人入侵，南宋飘摇，岳飞身背"精忠报国"四字，20岁起先后四次从军，奔赴前线，抗击金兵，收复故土，终成名留青史的一代名将，"莫等闲，白了少年头，空悲切""待从头，收拾旧山河，朝天阙"是他对保卫国家的最强呼声。

马克思主义经典作家也给我们树立了光辉的榜样。马克思17岁时，就在其中学毕业论文《青年在选择职业时的考虑》中真挚表达了对人生道路的深邃思考和为人类服务的远大抱负，立下了要为人类幸福而奋斗的人生志向，要将"人类的幸福和我们自身的完美"作为青年选择职业应遵循的主要指针。在获得博士学位后，24岁的他从事的第一份工作——《莱茵报》主编。他第一次亲身感受到底层民众的贫困和艰难，看到了赤裸裸的残酷现实。他以笔为戈、以纸为戎，在他的岗位上为底层劳苦民众大声疾呼。在被迫辞去主编职位后，他辗转流离多个国家，不断遭受迫害，却越挫越勇，从不畏惧。马克思说："我是世界公民，我走到哪儿就在哪儿工作。"

相比马克思更多地专注于理论研究，恩格斯则更侧重于实践，倾向于通过实际工作为工人阶级实现权益。他在中学时代就同情劳动人民，青年时代就立志要献身无产阶级革命事业。19岁的恩格斯曾用诗句表达自己的心迹："我的心灵凝视着真理，我的脚步追随着真理，我不怕烈焰，不怕利剑，我怎么会彷徨犹豫？我怎么会退缩不前？"正是在这样的理想和信念支撑下，恩格斯毅然同自己出身的阶级彻底决裂，终身不渝地为无产阶级和全人类解放事业而奋斗。

1848年2月24日，马克思和恩格斯合著的《共产党宣言》在伦敦第一次出版。这个宣言是共产主义者同盟第二次代表大会委托马克思、恩格斯起草的同盟纲领，这个纲领宣告了马克思主义的诞生。这一年马克思30岁、恩格斯28岁。

列宁把马克思主义同俄国革命的具体实践结合起来，创造性地发展了马克思主义，把马克思主义从理论变成现实。列宁22岁开始组织马克思主义小组，并将《共产党宣言》译成俄文，25岁建立工人阶级解放斗争协会，30岁创办全俄第一份马克思主义的政治报纸《火星报》，42岁将孟什维克驱逐出俄国社会民主工党，让布尔什维克成为独立的马克思主义政党，47岁领导俄国十月革命并取得胜利。

马克思主义自传入中国以来，一代代中国青年坚持把马克思主义真理作为行动指南。新中国的缔造者之一毛泽东，

27岁在湖南创建共产主义组织，33岁任中共中央农民运动委员会书记。周恩来23岁加入中国共产党八个发起组之一的巴黎共产主义小组，确立了共产主义信仰，成为中国共产党创建人之一，30岁当选为中央政治局常务委员，后任中央组织部部长、中央军委书记，并实际上是中共中央工作的主要主持者。邓小平24岁任中共中央秘书长，39岁代理中共中央北方局书记，主持八路军总部的工作，在异常艰苦的条件下领导华北敌后抗日根据地党政军的全面工作。刘伯承35岁参与领导南昌起义，38岁任中共中央军事委员会参谋长、长江局军委书记兼参谋长、中央军委委员，协助处理军委日常工作。从风雨如晦的革命年代到热情高涨的建设时期，从开拓进取的改革开放时期到催人奋进的新时代，中国青年满怀对祖国和人民的赤子之心，积极投身党领导的革命、建设、改革伟大事业，为人民战斗、为祖国献身、为幸福生活奋斗，谱写了一首又一首壮丽的青春诗篇。

（一）浴血奋战、百折不挠，新民主主义革命时期，广大青年投身救国第一线

　　古老的民族能否再现青春，关键在青年之自觉如何耳。中国早期的马克思主义传播者李大钊从日本留学回国后，发表《〈晨钟〉之使命——青春中华之创造》一文，阐明"青春中华"理想，向青年发出了奋起自觉的召唤，写下了"以青春之我，建设青春之国家"的豪言壮语。"青春中华"的理想，奠定了李大钊一生为中华民族复兴而奋斗的崇高使命感和不懈奋斗精神，让他成长为中国共产党早期最重要的领导人和革命家之一。而另一位中国共产党早期主要领导人瞿秋白，面对内忧外患的中国，立志"辟一条光明之路"，为救国救民奋斗献身。青年时代，瞿秋白前往社会主义国家苏俄，两次受列宁接见，接受了共产主义的思想洗礼，回国后便踏上了一条毕生为之奋斗的革命"红色之旅"。

在那个风雨如晦的年代，像毛泽东、周恩来、刘少奇、邓小平一样，很多进步青年选择了马克思主义信仰，走上了救国救民的革命道路。毛泽东同志在青年时期就立下拯救民族于危难的远大志向。"十月革命"一声炮响，给中国送来了马列主义。经过反复比较和鉴别各种思潮，毛泽东同志毅然选择了马列主义，选择了为实现共产主义而奋斗的崇高理想。[①]在《湘江评论》的创刊宣言中，20多岁的毛泽东发出振聋发聩的呐喊："世界什么问题最大？吃饭问题最大。什么力量最强？民众联合的力量最强。"在此后的革命生涯中，"无论是'倒海翻江卷巨澜'，还是'雄关漫道真如铁'，他都矢志不移、执着追求"[②]。

在那个青年觉醒的年代，陈延年、陈乔年等一批批热血青年，为解救劳苦大众，为挽救中华民族危亡，苦苦追求真理，宁愿站着死，也不愿跪着生，充分展现出青年顽强不屈的意志。抗日战争时期，奔赴延安的青年成为一道独特的风景线，延安像一块巨大的磁石，吸引着许多追求进步、有理想、有抱负的青年。奔赴延安的路漫长而艰辛，要克服重重困难，甚至有生命危险。为什么这么多人义无反顾地奔赴延安？青年的答案是：延安是全国最进步的地方，这里是中华民族抗日的根据地，是梦寐

① 罗成翼.红校史育"大先生"：新时代红色师魂培育的创新实践［J］.思想理论教育导刊，2022(11)105-111.

② 方江山.着力讲好老一辈革命家的成长故事［J］.人民周刊，2021（24）：52-55.

以求的理想所在。朝着延安方向走来的青年，背着行李，燃烧着希望，把自己的青春和热血奉献给了这片土地。1939年5月，毛泽东同志在延安庆贺模范青年大会上说："中国的青年运动有很好的革命传统，这个传统就是'永久奋斗'。我们共产党是继承这个传统的，现在传下来了，以后更要继续传下去。"从1921年到1949年的28年来，无数青年用鲜血践行了"还中华以新生"的诺言，以青春之我，成就青春之中国。

（二）自力更生、发愤图强，社会主义革命和建设时期，广大青年投身建设第一线

党领导广大青年全面建设新国家新社会，为使新中国快速摆脱一穷二白的面貌，广大青年响应党"到最艰苦的地方去""到祖国最需要的地方去""把青春献给祖国"的伟大号召，投身生产建设，奉献聪明才智、青春年华，成为激情燃烧岁月中最亮丽的风景线。朝鲜战争爆发后，超过70万中国青年积极报名参加志愿军，在朝鲜战场上涌现出杨根思、罗盛教、黄继光、邱少云等青年战士，为保家卫国献出了宝贵生命。

"志不立，天下无可成之事。"面对社会主义工业化建设和培养一代新人的历史任务，党中央进一步阐述了青年在社会主义现代化建设中的地位、价值和意义。毛泽东同志生动地将青年比作"早晨八九点钟的太阳"，指出"青年是整个社会力量中的一部分最积极最有生气的力量。他们最肯学习，最少保守思想，在社会主义时代尤其是这样"。"他以政治家、战略家的视野，将青年定位为无产阶级革命事业接班人，提出要培养'又红又专'社会主义接班人，强调'没有正确的

政治观点，就等于没有灵魂'。"[1]"这一时期的中国青年运动，树起了'青年突击队''青年垦荒队'等闪光旗帜，掀起了'争做社会主义建设积极分子'热潮，开展了学习雷锋等社会主义新人教育工作，创造了向科技进军的一个个新中国历史纪录。"[2]

① 胡献忠.百年来中国共产党青年工作的历史性成就和基本经验［J］.中国青年研究，2021（5）：5-13.

② 共青团中央书记处.党领导中国青年运动的光辉历程［N］.中国青年报，2021-07-01（1）.

新中国成立之初，科学人才紧缺。1949年12月，周恩来总理通过中央人民广播电台，郑重邀请在世界各国的海外学子，回国参加建设。当时，正在美国大学任教的数学家华罗庚决定响应号召，回到祖国的怀抱。1950年3月，40岁的华罗庚偕夫人、孩子从美国经香港抵达北京。在归国途中，华罗庚写下《致中国全体留美学生的公开信》，他在信中写道："梁园虽好，非久居之乡。归去来兮！……为了抉择真理，我们应当回去；为了国家民族，我们应当回去；为了为人民服务，我们也应当回去；就是为了个人出路，也应当早日回去，建立我们工作的基础，为我们伟大祖国的建设和发展而奋斗！""两弹元勋"邓稼先于1947年通过赴美研究生考试，于翌年秋进入美国印第安纳州的普渡大学研究生院。由于他学习成绩突出，不足两年便修满学分，并通过博士论文答辩。此时他只有26岁，人称"娃娃博士"。这位取得学位刚9天的"娃娃博士"毅然放弃了在美国优越的生活和工作条件，回到了一穷二白的祖国，隐姓埋名到荒漠戈壁奉献一生。

（三）解放思想、锐意进取，改革开放和社会主义现代化建设新时期，广大青年投身改革第一线

改革开放为青年成长成才提供了历史机遇，青年生逢其时，有着大好的发展机遇。"广大青年发出'团结起来，振兴中华'的时代强音，满怀豪情地在改革开放和社会主义现代化建设各条战线辛勤工作、开拓进取，为开创和推进中国特色社会主义事业作出了重要贡献。一批批青年成长为党和国家事业的新生力量和工作骨干，新长征突击手、青年岗位能手、青年志愿者、青年五四奖章获得者等优秀青年群体不断涌现。希望工程、青年文明号、保护母亲河、'振兴杯'技能竞赛、青年创业行动、青年科技创新行动、大学生志愿服务西部计划、"博士服务团"等品牌工作蓬勃开展，带动和促进青年成为推动科学发展、促进社会和谐、勇于创新创业的排头兵。"①

① 共青团中央书记处.党领导中国青年运动的光辉历程［N］.中国青年报，2021-07-01（1）.

1918年到1921年，一群风华正茂的巴蜀青年汇聚重庆，他们从重庆登船出发，经上海奔赴法兰西勤工俭学，踏上探寻救国救民的梦想之路。在漂洋过海前往法兰西的旅途中，青年学生们挤在低等舱里面朝大海，慷慨而歌："山之涯，海之湄，少年中国短别离。短别离，长相忆，奋斗到底，唯我少年有志气。"他们当中涌现了一批坚定的革命者，有的成长为共和国开国元勋和革命领袖，其中就有16岁的邓小平。作为改革开放的总设计师，邓小平从党的事业和中国特色社会主义事业的全局出发，对青年发展和青年工作提出新见解。邓小平同志指出："青年一代的成长，正是我们事业必定要兴旺发达的希望所在。""他把青年对社会进步的推动作用提升到新的高度，多次重申'干革命、搞建设，都要有一批勇于思考、勇于探索、勇于创新的闯将。没有这样一大批闯将，我们就无法摆脱贫穷落后的状况，就无法赶上更谈不到超过国际先进水平'。他极具预见性地提出'有理想、有道德、有文化、有纪律''四有新人'的培养目标，强调'这四条里面，理想和纪律特别重要'。"[1]他还认为，为社会主义中国的前途而奋斗是当代青年最崇高的使命和担当，"一定要经常教育我们的人民，尤其是我们的青年，要有理想。……要特别教育我们的下一代下两代，一定要树立共产主义的远大理想。一定不能让我们的青少年作资本主义腐朽思想的俘虏，那绝对不行"[2]。

① 胡献忠.百年来中国共产党青年工作的历史性成就和基本经验[J].中国青年研究，2021（5）：5-13.

② 邓小平.邓小平文选：第三卷[M].北京：人民出版社，1993：110-111.

江泽民同志在"四有"的基础上，更加强调青年的思想政治教育素质，着重强调青年要不断增强自身的爱国主义、集体主义、社会主义思想。他在总结既往青年工作的经验教训基础上要求对青年要严爱相济，"全党全社会都要从永保中华民族生机与活力的高度，从确保我们祖国长治久安的高度，热情关心青年一代的成长，积极创造各种有利条件，促进青年人才脱颖而出"。

胡锦涛同志向全党提出向焦裕禄同志学习，焦裕禄任中共兰考县委书记，为了改变兰考灾区贫困面貌，他抱病带领全县人民向严重的自然灾害进行顽强斗争，把党的温暖带给千家万户。直到生命的最后一刻，他想的仍然是如何让人民幸福富裕，始终保持共产党的本色。胡锦涛阐明了当代青年要肩负起时代赋予的崇高责任，希望"青年要坚持正确的人生之路，不断为人民建功立业"，并号召青年党员要积极参加青年志愿者行动，青年知识分子要坚定不移走同工农相结合、同实践相结合的道路。他还对青年提出"五个坚持"，希望广大青年坚持远大理想、坚持刻苦学习、坚持艰苦奋斗、坚持开拓创新、坚持崇高品行。

（四）自信自强、守正创新，中国特色社会主义进入新时代，广大青年投身逐梦第一线

"15岁来到黄土地时，我迷茫、彷徨；22岁离开黄土地时，我已经有着坚定的人生目标，充满自信。作为一名人民公仆，陕北高原是我的根，因为这里培养出了我不变的信念：要为人民做实事！"这是习近平总书记在《我是黄土地的儿子》一文中的深情回顾。七年知青岁月中，他做村支部书记敢于实践，敢想敢干，能干会干。即使被虱子咬得奇痒无比，挠得流脓流血，即使被晒得通红，之后又蜕皮，老乡看他太辛苦，就说"近平，你坐那儿歇歇"，他说"没有事，干完这一气儿再说"。正是靠着这一口青年的志气，在全国插队知青团队中条件最艰苦之一的陕北，他一干就是七年，用青年的热血扎根农村，带领村里人用沼气做饭和照明，有灌水井，有铁业社……原来一到青黄不接时就全村出去乞讨的贫穷村庄，变得红红火火，生机一片。

党的十八大以来，习近平总书记多次考察高校，在多个重要场合同各界青年交流，鼓励青年成长成才，为祖国建功立业。"习近平总书记以马克思主义政治家、战略家的深邃视野和宏大格局，深刻阐明了党的青年工作的地位作用、目标任务、职责使命、实践要求，深刻回答了新时代培养什么样的青年、怎样培养青年，建设什么样的共青团、怎样建设共青团等方向性、全局性、战略性重大课题，把我们党对青年工作的规律性认识提升到了新高度，开辟了马克思主义青年观新境界，为新时代中国青年运动的发展提供了根本遵循。"①习近平总书记明确提出"为实现中华民族伟大复兴的中国梦而奋斗，是中国青年运动的时代主题"。这一重大论断，以跨越百年的大历史观，深刻揭示了中国青年运动的光荣传统和光辉主题，为新时代中国青年运动指明了方向，极大地鼓舞和激励了亿万青年同心共筑中国梦。

① 共青团中央书记处.党领导中国青年运动的光辉历程［N］.中国青年报，2021-07-01（1）.

光阴荏苒，物换星移。百年的时间跨度，见证过多少追梦与圆梦。对国家而言，从救亡图存到人民解放，从全面小康到伟大复兴，中华民族不断刷新自己的"目标值"。新时代，我们比历史上任何时期都更接近中华民族伟大复兴的目标，也给青年提供了更加广阔的施展才华的舞台。航天报国的"嫦娥"团队、"神舟"团队平均年龄为33岁，在浩瀚宇宙中定位中国的"北斗"团队平均年龄为35岁。广大青年用行动证明，新时代的中国青年是好样的，是堪当大任的！

青春之我自强不息，百年大党风华正茂。一百年前，一群新青年高举马克思主义思想火炬，苦苦探寻民族复兴的前途。一百年来，在中国共产党的旗帜下，一代代中国青年把青春奋斗融入党和人民事业，成为实现中华民族伟大复兴的先锋力量。"实现中华民族伟大复兴，归根结底要靠人才、靠教育。高校是培养人、造就人的重要供给主体，其首要职能、本质职能是人才培养。"②党的十九届六中全会通过的历史决议特别提出"党和人民事业发展需要一代代中国共产党人接续奋斗，必须抓好后

② 张东刚，刘伟.高校必须坚守为党育人为国育才的初心使命［J］.思想政治工作研究，2022（4）：18-20.

继有人这个根本大计"。

党的十八大以来，习近平总书记从新时代党和国家事业发展全局的战略高度，围绕"培养什么人，怎样培养人，为谁培养人"这一根本问题作出了一系列重要论述，反复强调"培养担当民族复兴大任的时代新人"，强调把"立德树人"作为教育的根本任务，这为高校指明了发展方向，提供了根本遵循。

2021年4月19日，习近平总书记在清华大学考察时强调，"一流大学是基础研究的主力军和重大科技突破的策源地，要完善以健康学术生态为基础、以有效学术治理为保障、以产生一流学术成果和培养一流人才为目标的大学创新体系，勇于攻克'卡脖子'的关键核心技术，加强产学研深度融合，促进科技成果转化"[①]。作为国家创新体系的重要组成部分，党的十八大以来，高校科技创新能力大幅提升，体制机制改革持续深化，服务国家重大需求成效显著，为创新型国家和教育强国、科技强国建设作出了不可替代的重要贡献。

① 光明日报调研组.向着科技前沿和国家需要进发：清华大学服务国家高水平科技自立自强的实践探索与启示[N].光明日报,2022-09-16（5）.

2021年9月25日，北京外国语大学八十周年校庆之际，习近平总书记给北外的老教授们回信，向他们及全校师生员工和校友致以诚挚的问候。习近平总书记在回信中称赞他们辛勤耕耘数十载，矢志为党和国家培养外语人才，年事已高仍心系于此，这就是人民教师的责任担当。习近平总书记强调，"深化中外交流，增进各国人民友谊，推动构建人类命运共同体，讲好中国故事，需要大批外语人才，外语院校大有可为，希望你们继续发挥传帮带作用，推动北外传承红色基因、提高育人水平，努力培养更多有家国情怀、有全球视野、有专业本领的复合型人才，在推动中国更好走向世界，世界更好了解中国上作出新的贡献"。

学习习近平总书记给北外老教授们的重要回信，深感党和国家对外语院校建设与发展的高度重视，在"两个大局"的时代背景下，外语院校使命光荣、责任重大。习近平总书记的回信为新时代外语院校更好地牢记"国之大者"、提升"四为"服务能力指明了前进方向，提供了根本遵循。四川外国语大学作为一所以外语为主要特色的高等院校，理应全面贯彻党的教育方针，传承红色基因，落实立德树人根本任务，努力培养更多有家国情怀、有全球视野、有专业本领的复合型人才，为民族复兴大业和构建人类命运共同体持续作出应有的贡献。

2022年4月25日，习近平总书记在中国人民大学考察调研时，希望"全国广大青年牢记党的教诲，立志民族复兴，不负韶华，不负时代，不负人民，在青春的赛道上奋力奔跑，争取跑出当代青年的最好成绩"[①]。"他勉励广大青年坚定中国特色社会主义道路自信、理论自信、制度自信、文化自信，在全面建设社会主义现代化国家新征程中勇当开路先锋、争当事业闯将。"[②]习近平总书记的希望和要求鲜明地回答了"为谁培养人、培养什么人、怎样培养人"这个根本性问题。这是习近平总书记关于教育的重要论述，特别是关于青年工作重要论述的新发展，寄托了大党大国人民

① 马国英，姜洁，杨昊. 在民族复兴征程中激扬青春：总书记这样指引新时代青年工作 [N]. 人民日报，2022-05-10 (1).

② 张东刚. 努力培养堪当民族复兴重任的开路先锋、事业闯将 [J]. 红旗文稿，2022(11)：4-8.

领袖在踏上第二个百年新征程中对培养社会主义建设者和接班人的殷切期待。我们要用心用情体会习近平总书记对当代青年的寄望之深、教导之切、嘱托之重，深刻把握其中蕴含的重大政治意义和深远战略考量，心怀"国之大者"、善谋"党之大计"，自觉担负起为党育人、为国育才的光荣使命，源源不断地培养造就堪当民族复兴重任的开路先锋、事业闯将。

百年大计，教育为本。我们党立志于中华民族千秋伟业，必须培养一代又一代拥护中国共产党领导和我国社会主义制度、立志为中国特色社会主义事业奋斗终生的有用人才。高校必须坚守为党育人、为国育才的初心使命，落实立德树人根本任务，大力培养堪当时代重任的"复兴栋梁、强国先锋"，为实现中华民族伟大复兴的中国梦提供人才支撑。从"神舟"飞天到"北斗"组网，从"羲和号"逐日到C919大飞机翱翔蓝天……越来越多"大国重器"的背后，打上了"高校制造"的烙印。

为党育人、为国育才是
川外人的不懈追求

从人民军队中走来的川外，从新中国成立之时奋起，于改革浪潮迭起之际奋进，创业于百废待兴的新中国建设时期，创新于气象盎然的新世纪。川外自创始之日起便与教育强国、民族复兴紧密相连。川外的历史展现了川外师生同仇敌忾、共克时艰的奋斗历程，体现了一代代知识分子教育救国、兴学强国、为党育人、为国育才的志向抱负。

（一）艰苦创业，探索发展

军大传统，薪火相传。川外的历史是一部青春向党、为国而立的创业史。

中华人民共和国成立之初，百业待兴，急需恢复遭战争严重破坏的国民经济，进行有计划的经济、文化和军队建设。向苏联学习，学习苏联的先进经验和科学技术，成为那个时代的现实要求，这就迫切需要培养一批懂俄语的外语人才。1950年1月，西南军区根据中央军委指示，决定在西南军政大学组建俄文训练团，以培养国家和军队所需的外语高级专门人才。在邓小平、刘伯承、贺龙等老一辈无产阶级革命家的亲切关怀和具体指导下，经过积极筹备，1950年4月，俄文训练

图5-3 学校山洞旧址

团在重庆山洞正式成立。

此后，学校根据党和国家的需要，先后历经"西南军政大学俄文训练团""第二高级步兵学校俄文大队""西南人民革命大学俄文系"和"西南俄专"四个光荣的历史时期，于1959年5月扩建为四川外语学院，从只有单一语种发展为具有俄、英、法、德、西等多语种的高等院校。筚路蓝缕四迁校址，励精图治五更校名，一代代川外人书写了一段弦歌不辍的壮丽史诗。

外语院校建设发展和外语人才培养关乎"国之大者"，办学70余年来，川外始终将高等教育的使命与中华民族伟大复兴紧密结合，将外语人才培养与国家战略需要紧密结合，在推动中国更好走向世界、世界更好了解中国上发挥积极作用。

学术是一个不断积累发展的过程，人类在科学技术、文化思想上的一切进步，都是对以往成就的继承与创新。正是因为有川外人筚路蓝缕的开创精神和呕心沥血的奉献精神，才使我国外语教育史上具有里程碑意义的词典和教材得以诞生。一部久享盛誉的规范性词典和教材，正如一位"无声的老师"，既是一本传家宝，更是一种家国情怀。

遵照1971年《全国教育工作会议纪要》提出的"教材要彻底改革""教材由各地编写和交流"的要求，1972年10月，在着力抓好首届学员教育教学工作的同时，结合贯彻国务院科教组（1975年1月撤销）在北京召开的综合大学和外语院校教育革命座谈会精神，学校召开了"教材建设"座谈会。大家热烈讨论，一致认为要树立雄心壮志，有条件、有能力编写出一套自编教材，并决定组织一支精干的小组，外出参观学习，校内编写也开始行动，尽快使用自编教材。

其实，早在1970年12月，根据学校教改探索小分队多次到工厂、农村调查研究的结果，学校已经制定了《一年级基础教材编写意见》，1971年初，成立了6个编写组，编选英、俄、法、德、日各专业一年级教材。

根据中央出版工作会议"要有计划地研究出版一批高水平工具书"的要求，1974年9月底、10月初，商务印书馆派两名工作人员来学校商谈尽快落实重编《俄语教学词典》的任务，要求重编的这部词典能认真总结新中国成立25年来俄语教学的经验，为俄语教学基本建设作出新贡献。

对于国家下达给川外的这项光荣而艰巨的科研任务，学校高度重视，先后向俄语系全体干部、教师传达并组织召开了4次座谈会，大家一致认为，国家出版部门决定重编《俄语教学词典》，既是对学校的充分肯定，也是对当时参加词典编写工作全体成员的充分肯定，重编这部词典既是外语工具书领域的一件大事，也是对我校俄语专业建设工作的促进和鞭策。

为了加强领导，确保词典编写工作顺利进行，学校作出了《关于积极组织力量重编〈俄语教学词典〉的决定》《关于成立重编〈俄语教学词典〉领导小组的决定》。重编《俄语教学词典》领导小组由王丙申、戴福荣、群懿、张西铭、杨玉琛、李馨亭、王忠海、程贤光、许筱林、张连谧、丁富贵及俄语系2名学员共13人组成，王丙申任组长，戴福荣、群懿、杨玉琛任副组长。领导小组下设办公室，挂靠教务处，俄语系成立编辑室。按照要求，编写领导小组成立后，1975年开始编写工作，1976年底拿出词典编写初稿。

1975年5月23日至6月17日，高教部和国家出版局在广州联合召开中外语文词典编写出版规划座谈会，学校派程贤光等人参加会议。会议给学校下达的任务是完成《俄语教学词典》《英语缩略语词典》《英语教学词典》的编写工作。为了顺利开展工作，学校分别成立了以程贤光为主编，许筱林、桑抗、郭纯武、张可任为副主编的《俄语教学词典》编写组；以蒋锡怀为主编，宫铁燕、张天俦、谢盛根为副主编的《英语缩略语词典》编写组；以曾祥禄为主编，夏洪进、黄永义、林长路、马魁乐等参与编写的《英语教学词典》编写组。各编写组分别于1977年、1978年、1980年完成编写《英语缩略语词典》《俄语教学词典》《英语教学词典》等三项国家科研任务，在外语词典工具书领域作出贡献。

1975年，英语系师生还接受了翻译积存的联合国资料的任务。为此，学校成立了联合国文件翻译组，由英语系教师谭少青任组长。此项工作一直持续到1978年，共翻译出80多万字，审校其他学校译稿约60万字。

1976年2月，人民出版社组织全国有关高校承担《列宁文稿》的翻译工作。学校承接《列宁文稿》第三卷的翻译任务。为此，学校成立了以王丙申为组长，群懿、孙致祥等人参加的翻译领导小组。俄语系师生和教务处群懿、李馨亭等人参与翻译。1977年6月，孙致祥、桑抗、石孝殊（校友）被派往北京中共中央编译局查找资料并定稿，由孙致祥总校全书。

该书于1978年由人民出版社出版。英语系部分教师还于1972年接受了《尼泊尔史》《现代不丹》的翻译任务，于1976年前先后定稿并出版。

1976年，英语系开始《英语教学词典》的编写。这部由曾祥禄主编，夏洪进、黄永义、林长路、马魁乐等参编的词典，经过十几年的努力，于1992年由四川人民出版社正式出版发行，后又重印5版，并由台北建宏出版社出版繁体字本，名为《英漢六用詞典》。这是学校教师主编的、第一本在境外出版的词典。

1977年至1979年，受学校派遣，朱雁冰、刁承俊、汪沂到上海参加由北京大学、同济大学、上海外国语学院和四川外语学院合作的《德汉词典》定稿阶段的编写工作。《德汉词典》自1983年11月由上海译文出版社出版以来，已经数次再版（1999年6月已出修订本，更名为《新德汉词典》），深受读者欢迎，成为德语界使用最广泛的词典之一。

时光知味，岁月沉香。一本本教材和词典已经成为外语学习者学习生活中的宝贝。我们缅怀大师，继承川外的优良传统，就是要树立以自己的学术研究服务社会、服务国家的志向，把自己的学术根子深深地扎在祖国的土壤中，用学术的创新进步为中华民族伟大复兴尽一份力量。新中国成立后，我国外语教育发展经历不同阶段的起伏和布局调整，但围绕服务国家战略的这个目标定位始终没有发生改变。1978年开启的改革开放进程，更是将人们对外语教育的重视程度提升到一个新的高度。

中国对外开放离不开外语人才，而外语人才培养离不开外语教育。"文化大革命"严重削弱了我国外语教育的基础，推进社会主义现代化建设迫切需要学习借鉴国外先进的科学知识和技术，迫切需要恢复和加强外语教育。1979年3月，教育部印发了《加强外语教育的几点意见》，指出："外语教育与整个国民经济发展的需要更是严重不相适应，与我国的国际地位极不相称……迫切需要加强外语教育，培养大批又红又专的外语人才。高水平的外语教育同时也是提高整个中华民族科学文化水平的重要组成部分，是一个先进国家、先进民族所必须具备的条件之一。因此，各级教育行政部门和学校领导，必须充分认识外语教育的重要作用。"改革开放初期，我国将外语教育目标定位为掌握语言技能与实用知识，强调外语教育的工具性价值，通过外语学习前沿知识、先进技术和管理经验，服务于国家经济建设的目的。在此背景下，学校服务国家战略、服务社会需要也取得了更为丰硕的成果。

1980年5月，受教育部委托，《语法与修辞》《古代诗文选》《中国现代文学作品选读》三本外语院系用的语文教材初稿审稿会议在川外召开，教育部有关领导出席会议。三本教材由全国众多外语院校语文教师协作编写，我校汉语教研室教师参加了三本教材的编写工作。1981年，三本教材正式出版，在全国发行，以后，各教材都有修订、再版。

1980年6月，经四川省委宣传部、省高教局批准，学报《外国语文教学》创刊，内部发行（1984年起改为公开发行）。学报的主要任务是推动学校外语学术研究和外语教学法研究深入发展，为提高外语教学质量服务。

1981年6月，由四川外语学院《世界儿童》编辑部编辑、四川少年儿童出版社出版的我国当时唯一介绍外国优秀儿童文学的刊物《世界儿童》创刊。1981年，中共四川省委党史工作委员会《吴玉章传》编写组在四川外语学院成立，程文、郭久麟参加该组资料收集和编写工作，陆续出版了《吴玉章文集》《怀念吴老》《吴玉章传》等。

1983年11月15—20日，中国俄语教学研究会第一次学术讨论会在川外举行，来自全国60多所高校和单位的代表共80多人出席。同年11月25日—12月3日，高等学校外语教材编审委员会俄语教材编审组1983年度年会在川外召开。

改革开放拉开了中国大规模派遣留学人员的序幕。1978年6月，邓小平在听取清华大学工作汇报时作出重要指示：出国留学是我国提高科学技术和现代化水平的重要方法之一，"要成千成万地派，不是只派十个八个……一定要吸收世界先进的东西，洋为中用"。"改革开放总设计师这些具有划时代意义的指示，翻开了新时期我国留学教育崭新的一页。"①

① 黄蔚.中国公派出国留学事业发展综述：30年方兴未艾［N].中国教育报,2008-12-30(1).

在此背景下，1979年，教育部在川外设立出国留学培训部，这是国家最早成立的出国留学人员培训部之一。经过40余年的持续耕耘与不断创新，川外出国留学培训部建构起一套完整的短期外语强化培训体系，为高校、科研院所、企事业单位及个人外语学习者提供不同类别、不同层次的多个语种的外语语言综合技能培训、专门用途外语培训、出国留学外语考试及跨文化交际课程培训，开展了校际本科交换生项目的外语教学，并成立重庆市教委中小学英语教师培训基地，服务地方英语师资的专业素养提升。

40余年来，川外出国留学培训部稳步发展，"川外培训"成为委托单位和参培学员认可的优质外语教育品牌。目前，学校出国培训部师资力量雄厚、基础设施完备、教学特色鲜明，已经发展成为国内教育资源整合效应较强、西部地区外语教育服务功能最强的综合性教育服务机构之一。在确保完成国家出国培训任务的前提下，出国培训部（国际教育学院）利用学校在国际高等教育领域已有的地位和优势，引进国际先进的办学理念与模式，集中出国培训部优秀师资与教学资源，成功地与美国、英国、澳大利亚、加拿大、新西兰、爱尔兰、荷兰、西班牙、法国、日本、韩国、意大利、德国、俄罗斯等20多个国家百余所大学开展了多种合作预科项目，取得了明显的社会效益。

红色校史是脉络清晰、筚路蓝缕的奋斗史，是各具特色、精彩纷呈的编年史，也是不断孕育革命精神、弘扬革命精神的文化史。老一辈学者将毕生精力投身于党的教育事业中，表征着老一辈学者德高为师、身正为范的崇高道德与精神境界，影响着一代又一代的青年学子。历任学校领导，带领川外师生埋头耕耘、潜心办学，始终谨守创校之初党和国家嘱托的教书育人之重任，以人才培养为一切事业的中心，披肝沥胆、负重自强，为党和国家培养了大批急需的外语高级专门人才。川外建校来的历次变更发展，都是响应党和国家对人才的需要，我们无愧时代的重托，无愧党和国家的重托。我们要充分发挥老一辈学者的榜样示范作用，教育引导时代新人饮水思源、爱国爱校，为学校发展、社会进步、国家富强奉献力量。

（二）务实创新，快速发展

1992年初，邓小平视察南方并发表重要讲话，开启了改革开放的新纪元。1992年10月，党的十四大胜利召开，确定了建设中国特色社会主义市场经济体制的发展目标。建设高等教育强国成为重要的国家战略目标和任务，国家相继出台了"211工程""985工程""2011协同创新中心建设发展规划"等重大改革举措，推动了中国高等教育发展方式的转变。1993年，中共中央、国务院印发《中国教育改革和发展纲要》，我国的高等教育加快了现代化步伐。1997年，重庆作为直辖市，经济快速发展、对外开放交流日趋频繁，学校主动对接服务西部大开发战略和重庆内陆开放高地建设，进入改革与发展的重要战略机遇期。

这期间，学校认真落实《中国教育改革和发展纲要》，全面贯彻党的教育方针，坚持社会主义办学方向，以改革为动力、学科建设为重点、队伍建设为保证、教学科研为中心、培养高素质外语人才为目的，努力在党的建设、教学科研、思想教育等方面取得更大成绩。

为了培养适应社会主义市场经济和21世纪社会发展的外语人才，学校在坚持贯彻教育方针的同时，大胆更新教育观念，积极稳妥地进行教学改革，在提高教育质量和办学效益上狠下功夫。经过努力，学校基本形成了以培养本科生为主体、培养研究生为重点、专科教育为补充、成人教育与职业教育并重的办学体系，逐步实施了招生并轨、缴费上学、试行学分制、毕业分配"双向选择"等改革措施，以优化专业结构、更新教学计划为核心，调整专业方向，在原有英语、英语教育、俄语、法语、德语、日语6个专业基础上，增设了经济贸易、外事管理、国际关系、国际金融、国际新闻、涉外司法、国际文化交流、旅游等10种专业方向课程。学校本着"宽口径、厚基础、高素质"的精神，课程设置以"听、说、读、写、译全面发展，突出听说，拓宽方向，适应需要，注重特色"为原则，在原有听、说、读、写、译主干课程的基础上，增设了"外贸英语""外贸函电""科技翻译""旅游文化""世界市场""国际金融""涉外法律""进出口业务""实用国际贸易""计算机应用"等新课程。学校从单一的教学型外国语学校向着高水平、多科性的教学研究型外国语大学迈进。

图5-4 教育部本科教学工作水平评估汇报会现场（2008年，川外）

2008年9月，学校在教育部本科教学工作评估中获得优秀，完成了"争先创优"的目标。本科教学工作水平评估获得优秀成绩是国家层面对学校办学指导思想、办学水平、教学建设、教学改革、教学管理、人才培养质量、办学特色等方面成绩的充分肯定，是对学校高度践行"以评促建、以评促改、以评促管、评建结合、重在建设"的工作方针，弘扬"守责、求实、开放、包容"的川外精神，通过开展本科教学工作水平评估整改工作，不断深化教育教学改革、强化办学特色，完善持续提升本科教学质量的长效机制和保障制度，全面提高教学质量和人才培养质量的高度认可。

1998年1月初，学校俄语系教授蒋锡淮、郭纯武、宫铁燕、孙致祥、周以行、张天俦、张可任、赵璧、桑抗、谢盛根、杨懋辉参加编写的《俄汉详解大词典》由黑龙江人民出版社正式出版发行。《俄汉详解大词典》是国家社会科学重点研究项目，历经12年编写。该词典分四卷（我校承编第三卷，分卷主编蒋锡淮）出版，共收录条目24万个，达2100万字，为目前全世界俄外双语词典之冠，曾获第四届国家图书奖、第一届国家辞书一等奖。俄罗斯科学院院士瓦·宋采夫教授为词典撰写了序言，并在致主编的信中称赞《俄汉详解大词典》是一部"有世纪意义的词典"。该词典曾作为国家礼物赠送给当时（1992年）访华的俄罗斯前总统叶利钦。

2000年4月，学校法语系教授黄新成等人主编的《法汉大词典》，由西南师范大学出版社正式出版，2002年6月由上海译文出版社再版。该词典是当时乃至目前在海内外实用性最强的综合大型法汉辞书，获得了社会广泛好评。

2000年，由学校法语系留法博士杜青钢教授承担的学校第一个国家社科基金项目成果《米修与中国文化》由社会科学文献出版社出版。米修是法国20世纪后半叶最重要的诗人之一。他博采中法文化之长，创立了独特的诗学。杜青钢教授是国际上用比较研究的方法研究中法文学特别是米修与中国文化的知名学者。他立足中国文化，借助西方批评方法，对米修与中国文化，特别是与道禅及中国艺术精神的关系进行了深入研究，填补了国际上这一研究领域的空白。该项目的最终完成，对弘扬中国文化、深化我国的诗歌研究和比较文学研究具有重要的理论和实践价值，也标志着学校的科研水平上了一个新台阶。（虽然杜青钢作为引进人才于1999年调入武汉大学外语学院法语系，但该项目主要是在川外完成的。2018年，杜青钢教授当选龚古尔文学奖中国评选委员会主席。)

2003年6月,俄语系孙致祥教授担任主编,桑抗、宫铁燕、郭纯武、石孝殊等教授担任副主编的《俄汉搭配词典》正式由商务印书馆出版。这部600多万字的辞书受到了俄语界人士的好评并多次再版。

图5-5 四川外语学院六十周年校庆庆典大会在大礼堂举行(2010年5月,川外)

2010年11月6—7日,由中国辞书学会双语词典专业委员会主办,商务印书馆、外语教学与研究出版社、上海外语教育出版社共同协办的第二届词典学与二语教学国际研讨会在学校举行。来自美国、英国、捷克、丹麦、新加坡及海峡两岸36所高校和6家出版社近百名专家学者出席了会议,会议围绕"加强学科交流与合作,开创词典学研究新局面"开展了学习研讨,取得了丰硕成果。

2013年4月,教育部正式批准我校更名为四川外国语大学;2013年5月18日上午,四川外国语大学揭牌庆典仪式在学校大礼堂隆重举行。时任重庆市市长黄奇帆等出席并为学校今后的发展提出了殷切的希望。

同年，学校顺利通过国务院学位办立项建设博士学位授予单位整体条件验收，圆了几代川外人的梦想。顺利通过国务院学位办立项建设博士学位授予单位整体条件验收，这不仅标志着学校全面建成了集学士、硕士、博士学位教育于一体的完整的人才培养体系，也标志着学校在特色鲜明的高水平外国语大学建设进程中迈出了坚实的一步。立项建设博士学位授予单位整体条件验收通过后，学校根据学科发展现状，确定了招收英语语言文学、外国语言学及应用语言学、德语语言文学专业博士研究生的计划。

（三）开拓进取，全面发展

文脉赓续，弦歌争鸣。党的十八大以来，以习近平同志为核心的党中央高度重视教育事业，习近平总书记的系列重要讲话深刻回答了教育"培养什么人、怎样培养人、为谁培养人"这一根本问题。在宏观经济层面，国家经济发展进入加快经济结构调整、产业升级的关键时期。教育部启动"双一流"建设，启动地方高校转型发展改革，强调高校应增强服务社会发展的能力。

国家提出要大力培养掌握党和国家方针政策、具有全球视野、通晓国际规则、熟练运用外语、精通中外谈判和沟通技巧的国际化人才，有针对性地培养"一带一路"等对外急需的、懂外语的各类专业技术和管理人才。语言作为沟通工具，是实现基础设施"硬联通"、规则标准"软联通"、同共建国家人民"心联通"的基础。推动共建"一带一路"高质量发展，要求我们更加重视外语人才的储备和培养。

共建"一带一路"国家和地区语言多种、文化多样，很多地方的通用语言或官方语言属于小语种。目前，我国的小语种人才储备相对不足，加快与优化人才培养的必要性日益凸显。这就要求我们必须更加重视小语种，不仅要在学科建设、专业建设、课程教学等方面持续完善、加大投入，同时要为学生的实习、就业等方面提供更多的机会和保障，特别是要为包括小语种在内的外语专业人才更好参与共建"一带一路"搭建平台、畅通渠道，让外语人才有更大的舞台、更广阔的天地，吸引更多年轻人投身其中，为共建"一带一路"奉献青春和力量。

　　学校全面贯彻习近平总书记对重庆提出的"两点"定位、"两地""两高"目标，发挥"三个作用"等重要指示，主动服务重庆内陆开放高地建设，构建外语学科与非外语学科协调发展格局，推动基础研究与应用研究相结合，充分发挥学科建设在"人才培养、理论建树、文化交流、智库服务、实践应用"等方面的作用。学校在整体推进外国语言文学省级"一流学科"建设基础上，以办新专业弥补学科的短板，通过新成立重庆非通用语学院，为国家"一带一路"倡议和提升重庆对外开放培养对口非通用语人才。学校通过成立语言智能学院，对接重庆"以大数据智能化为引领的创新驱动发展战略行动计划"，提升学校在人

图5-6　重庆市国际教育发展研究中心授牌仪式
（2018年6月，川外）

工智能领域服务重庆经济社会发展的能力，同时也助推学校应用研究转型。

学校在学术研究上坚持"两条腿"走路：一方面坚持传统外国语言文学研究，这是学校的传统和长项；另一方面开辟新的研究领域，重点突出应用型研究平台建设，在原有德国研究中心、以色列研究中心、金砖国家研究院等基础上，新成立重庆国际战略研究院、当代国际话语体系研究院、重庆市国际教育发展研究中心等应用型研究平台，同时也与外交部、中国外文出版发行事业局、中国国际问题研究院及北京多家智库建立合作关系，在引进资源、合作研究上搭建沟通的桥梁。学校先后被推举为中联部金砖国家智库合作中方理事会副理事长单位、"一带一路"智库合作联盟理事单位。依托应用型研究平台，学校开展服务对外开放的靶向性研究，已成功召开9次国际研讨会，出版《渝新欧沿线交通物流效率评价报告（2018）》等3本蓝皮书、《中国"一带一路"建设对欧亚经济格局的影响——重庆内陆开放型经济发展机遇与路径》等5本著作，参与撰写5份政府机构文件，为重庆地方政府部门提供多篇资政报告，产生了较好的社会影响。

在共建"一带一路"过程中，无论是推动"硬联通""软联通"还是增进"心联通"，都需要以语言服务作为支撑，也离不开建立在语言研究基础上的国别与区域研究。这要求我们培养的外语人才不仅要掌握语言，更要对语言背后的社会文化、风土人情、习俗习惯等加以深入的理解认识与调查研究。特别是在推动规则衔接和加强政策协调方面，语言背后的民族文化、价值观念、思维方式等因素显得尤为重要。只有熟悉当地政策与国情、了解当地历史和文化，并通晓国际规则、熟练运用外语、精通中外谈判和沟通技巧，才能在相关领域的合作中发挥更大作用。培养更多具备法律、经贸、金融、管理、科技、历史、新闻等专业背景的复合型、应用型外语人才，已经成为高校外语人才培养的当务之急和重中之重。学校创新人才培养模式，培养服务国家对外开放战略和重庆内陆开放高地建设急需的非通用语人才、国际组织人才、国别和区域研究人才、国际社工人才。同时，学校依托多语言青年志愿服务中心、非物质文化遗产推广基地，通过为"中国共产党与世界对话会""中国国际智能产业博览会"等多个大型国际论坛和会议提供多语种志愿服务，培养应用型人才。学校还深入国家级贫困县城口县开展精准扶贫工作，培养社会服务型人才。

进入新时代，学校主动适应重庆市经济社会发展需要，构建外语学科与非外语学科协调发展格局，推动基础研究与应用研究相结合，外语学科拓宽国别区域研究、翻译研究等应用型领域，非外语学科坚持国际化特色，突出比较研究和应用研究，打造中国文化海外传播、舆情分析与形象传播、国际贸易与物流、涉外社会工作等特色研究领域。2013年后，学校与政府部门、企事业单位合作，先后成立金砖国家研究院、重庆国际战略研究院、重庆市教育法治研究中心、当代国际话语体系研究院、重庆市国际教育发展研究中心、重庆市对外宣传研究中心等应用型研究平台，这些平台极大地丰富了新时代学校"高水平应用研究型"办学定位的内涵，产出了一批有价值、显示度高的研究成果。

培养跨学科的复合型外语人才，不仅是推动具体合作的需要，也是加强我国国际传播能力建设的题中应有之义。精准传播取决于有效叙事，有效叙事依赖于语言通达。面向共建"一带一路"国家和地区的受众，只有用他们听得懂、能接受的语言深入阐释共建"一带一路"的理念、原则、方式等，才能真正讲好共建"一带一路"故事，传播好中国声音。这就要求外语人才不仅要充当语言的翻译，更要充当文化的使者，以多语种为基本工具实现分众化、精细化、定制化的精准传播，激发情感共鸣和价值共鸣，更好地向世界展现可信、可爱、可敬的中国形象，从而增强国际传播的亲和力和实效性。

语言的魅力是巨大的，在达意的同时还可以传情，在通事的同时还可以通心。"一带一路"倡议是推动构建人类命运共同体的重要实践平台，外语人才尤其是小语种人才大有可为。构建与共建"一带一路"相适应的外语教育战略，培养、造就、储备一批掌握党和国家方针政策、具有全球视野的复合型外语人才，必将推动共建"一带一路"高质量发展不断取得新成效，为构建人类命运共同体作出新的更大贡献。

2019年9月27日，人力资源和社会保障部、全国博士后管理委员会联合发布《关于批准新设湖南大学哲学等339个博士后科研流动站的通知》（人社部发〔2019〕105号）。其中，川外外国语言文学一级学科成功获批博士后科研流动站，这是学校在学科建设中获得的又一重大成就，是建设高水平应用研究型外国语大学进程中的重要里程碑。

1979年学校开始研究生教育，2006年获批一级学科硕士学位授予权，2013年获批一级学科博士学位授予权。外国语言文学学科是我校特色优势学科，历史积淀深厚，拥有一支优秀的教学科研队伍。该学科在全国第三轮学科评估中进入参评高校前20%，聚类排名全国第六、西部第一；该学科在全国第四轮学科评估中，再次进入前20%，获得B⁺等级；该学科在全国第五轮学科评估中，再上新台阶，获得A⁻的优异成绩。自2011年起，该学科先后被评为"十二五""十三五"省级重点学科，2017年获批重庆市一流学科。2013年，学校获得博士学位授予权后，该学科产出了丰富的科研成果：发表学术论文992篇，其中SSCI、SCI、A&HCI检索论文30篇，CSSCI期刊论文160篇；出版专著（不含教材）138部；承担国家级科研项目50项，其中重大项目1项、省部级项目76项。在中国人民大学人文社会科学学术成果评价研究中心联合书报资料中心研制的2014年度"复印报刊资料"转载学术论文指数排名中，该学科综合指数排名、转载量排名双双位列高等院校外国语言文学分学科转载排名第七名。该学科主办的学术期刊《英语研究》《外国语文》分别为CSSCI集刊和外语类核心期刊。

学校围绕"双一流"建设目标任务进行系统谋划，建立联动机制，协调推进建设，不断优化结构，加强学科内涵建设，形成了外语学科优势突出、相关学科协同发展的学科体系。2019年，外国语言文学一级学科成功获批博士后科研流动站后，根据国家高等教育战略发展要求，学校党委一届二次全会明确调整办学定位为"建设高水平应用研究型外国语大学"，党委一届三次全会进一步提出"五项行动三大保障"。学校主动适应重庆经济社会发展需要，致力于构建外语学科与非外语学科协调发展格局，推动基础研究与应用研究相结合，与政府部门、企事业单位合作，先后成立多个应用型研究平台，极大地充实了新时代"高水平应用研究型"办学定位的内涵。

（四）行稳致远，百年未来

七秩芳华，守正创新。川外为党育人、为国育才的过程正在进行中。中华人民共和国成立70多年来，我们党带领各族人民创造了经济快速发展和社会长期稳定"两大奇迹"，中华民族迎来了从站起来、富起来到强起来的伟大飞跃，迎来了伟大复兴的光明前景。2021年4月19日，习近平总书记在清华大学考察时强调，我国高等教育要立足中华民族伟大复兴战略全局和世界百年未有之大变局，心怀"国之大者"，把握大势，敢于担当，善于作为，为服务国家富强、民族复兴、人民幸福贡献力量。

弦歌不辍七十载，滋兰树蕙满庭芳。建校70余年，与共和国同呼吸共命运，是川外的历史荣耀；为党育人、为国育才，更是川外的坚守与担当。川外红色校史文化传承了中国共产党人革命奋斗过程中产生的高尚精神和崇高的理想信念，集中展现了学者坚守为党育人初心、牢记为国育才使命，赤诚为国、奉献敬业的精神品质。

当前至今后很长一段时期，高等教育进入高质量发展的新时

图5-7 庆祝四川外国语大学建校70周年暨成渝地区双城经济圈高校外语联盟成立大会现场（2020年5月，川外）

代，川外的发展进入综合改革的深水区，进入内涵式发展的关键期，迎来奠基百年伟业的奋进期。2019年以来，学校持续综合改革，推动治理体系和治理能力现代化建设迈出新步伐。学校围绕"五育并举"，深入推进教育教学改革和学科建设，外国语言文学一级学科获批博士后科研流动站，国家级特色专业、一流专业、一流课程建设实现新突破。学校加入成渝地区双城经济圈高校联盟，发起成立成渝地区双城经济圈高校外语联盟，促进区域协调新发展。学校成立基础教育集团，建设附属小学，推进高等教育人才培养体系进一步健全。

立足新发展阶段，贯彻新发展理念，构建新发展格局，学校科学谋划"十四五"规划，上下齐心，不断提升科学研究水平，增强社会服务能力，推进文化传承创新，深化国际合作与交流，力求积极在2035年全面建成特色鲜明的高水平应用研究型外国语大学，在服务区域经济社会发展、支撑国家战略中贡献川外人的力量、续写川外辉煌的历史。

图5-8 庆祝中华人民共和国成立七十周年学校师生同唱《我和我的祖国》（2019年10月，川外）

2019年是中华人民共和国成立七十周年。"70年来，在中国了解世界、世界了解中国的过程中，外语的载体和桥梁地位日益重要，外语的交流和沟通作用功不可没。历史告诉我们，外语教育与民族复兴、国家强盛总是息息相关的。"①

① 王定华，曾天山.民族复兴的强音：新中国外语教育70年 [M].北京：外语教学与研究出版社，2019：后记.

图5-9 学校成为成渝地区双城经济圈高校联盟成员高校

成渝地区双城经济圈是习近平总书记对重庆、四川发展作出的重要指示，是中央财经委员会第六次会议的重要议题之一，是服务西部陆海新通道建设的有力支撑。2020年4月，四川省教育厅、重庆市教育委员会签订《推动成渝地区双城经济圈建设教育协同发展框架协议》，为成渝地区教育事业的深度融合与协同发展打下了坚实基础。学校积极推动和融入成渝地区高等教育共同体，加入了成渝地区双城经济圈高校联盟。在推动成渝地区双城经济圈建设这一国家战略实施的进程中，川外发起成立成渝地区双城经济圈高校外语联盟，希望帮助消除川渝地区高校外语学科的壁垒，促进川渝地区

图5-10 学校倡议成立成渝地区双城经济圈高校外语联
盟（2020年10月，川外）

高校外语教育融合发展，更好地为唱好"双城记"、建好成渝地区双城经济圈提供服务支撑。

海纳百川，学贯中外。70多年来，从人民军队中走来的川外，一直把军大的革命传统作为宝贵的精神财富，坚持以服务国家和地方经济社会发展需要为己任，以语言为桥，沟通中外，联通世界。一代又一代川外人秉承"团结、勤奋、严谨、求实"的优良校风，坚持"扎根重庆、立足西南、服务全国、走向世界"的服务面向，形成了"国际导向、外语共核、多元发展"的办学特色，开拓出一条"内涵发展、质量为先、中外合作、分类培养"的特色办学路径，培养出一大批"强外语、厚人文，具有中国情怀、国际视野、交流才能，善合作、能创新的外语专业人才和高素质复合型、应用型国际化人才"，为推动国家和重庆社会经济发展、服务中外人文交流作出了积极的贡献。

面对新的发展环境，面对百年未有之大变局，我国提出了以改革创新为根本动力，以满足人民日益增长的美好生活需要为根本目的，加快构建以国内大循环为主体、国内国际双循环相互促进的新发展格局的战略部署，并提出了打造成渝地区双城经济圈的重要举措。开放战略的调整，发展格局的变化，极大地影响着学校学科建设和人才培养，同时影响着学校对接社会需求、提高服务层级的能力，对教学科研机构和管理教辅机构的内涵边界、职能衔接提出了新的要求与挑战。因此，进一步对接社会需求，完善机构设置，优化治理体系，关系到学校学科实力和社会声誉的提升。

为顺应国家推进治理体系和治理能力现代化建设的要求，完善学校治理结构和治理体系，提升学校治理水平，学校新一届领导班子从2020年初开始，推进了以机构改革"三定"工作为核心的综合改革工作，以此巩固学校70多年的办学成就，并助力学校在百年未有之大变局中寻得先机、孕育先机、抓住先机，为学校未来发展开启新的征程、铸就新的伟业。

伴随着时代前进的步伐，发展起来的中国需要更好地向世界展示自己，剧变中的世界渴望更好地了解中国。介绍中国经验、阐述中国主张、提出中国方案、贡献中国智慧，已成为国际社会的共同期盼，成为中国发展的必然。2021年5月31日，习近平总书记在中共中央政治局就加强我国国际传播能力建设进行第三十次集体学习时强调，要"讲好中国故事，传播好中国声音，展示真实、立体、全面的中国，是加强我国国际传播能力建设的重要任务"。这一重要讲话精神及习近平总书记给北外老教授的重要回信精神、党的十九届六中全会通过的党的第三个历史决议等，都为外语院校做好国际传播能力建设工作指明了前进方向、提供了根本遵循。外语院校既大有可为，更应大有作为。

站在新的历史起点，四川外国语大学主动担当时代使命，全面加强和改进国际传播工作，为推进中国故事和中国声音的全球化表达、提高中国国际话语权、推动构建人类命运共同体作出积极贡献。建设国际传播学院、多语种外文门户网站，既是学校加强国际传播能力建设的重要体现，也是学校加强新文科建设的重要举措和建设国际化特色高校的客观需求。

2021年7月10日，四川外国语大学成立国际传播学院并举办国际新闻与传播学科专业建设研讨会。国际传播学院将努力培养国家需要的高素质国际传播人才，坚持"中国情怀、国际视野、复合融通、理实并重"的人才培养理念，加强马克思主义新闻观教育，突出国际传播人才强外语、厚基础、善应用的专业能力，建成重庆乃至西南地区重要的国际传播人才培养基地。围绕加强国际传播能力建设的重要任务，学校努力服务于国际传播的国家战略，服务于重庆西部对外开放高地建设的需要，推动地方经济社会发展。学校将在广泛宣介中国主张、中国智慧、中国方案的过程中，构建中国话语和中国叙事体系。学校还与重庆国际传播中心密切合作，宣传总结地方性的国际传播经验。在新文科建设的背景下，学校致力于以国际传播为抓手，强化学科和专业建设，推动外语学科与非外语学科的深度融合，建成跨学科的、从本科到博士阶段的国际传播人才培养体系。

2022年5月30日，四川外国语大学多语种外文门户网站正式上线，这个走在全国前列建设的多语种外文门户网站将以22个语种对外讲好中国故事。目前，该网站构建的国际传播矩阵，覆盖该校所有外语语种专业，现有英语、俄语、法语、德语、西班牙语、阿拉伯语、日语、意大利语、葡萄牙语、朝鲜语等22个外语版本，涵盖联合国所有工作语言和主要非通用语种。另外，该网站不断创新国际传播人才培养实训模式。在网站建设与运营中，学校已聘请各语种中国教师担任主编、外教担任顾问、专业优势的学生担任副主编，以网站为依托成立外文学生记者团，把网站建设与课程教学、社会实践、创新创业相结合，形成"专业知识打底+实践能力辅助+新媒体技术赋能"的国际传播能力实训模式，增强新媒体时代外语院校学生国际传播实践能力。

在全面建设社会主义现代化国家新征程中，高校承担着坚定青年理想信念、培育时代新人的重要使命。以校史育人、以文化人，要善于开发和运用好高校红色校史文化资源，使时代新人传承好红色基因，赓续红色血脉，成为实现中华民族伟大复兴的先锋力量。

2022年10月16日，中国共产党第二十次全国代表大会在北京人民大会堂隆重开幕。党的二十大是在全党全国各族人民迈上全面建设社会主义现代化国家新征程、向第二个百年奋斗目标进军的关键时刻召开的一次十分重要的大会，是一次高举旗帜、凝聚力量、团结奋进的大会。党的二十大报告凝练总结过去5年的工作和新时代10年的伟大变革，精辟概括习近平新时代中国特色社会主义思想贯穿的立场观点方法，深刻阐明中国式现代化的中国特色、本质要求、重大原则，谋划未来的目标任务和行动纲领，深刻分析我国发展面临的国际国内形势，是党和人民智慧的结晶，是党团结带领全国各族人民夺取新时代中国特色社会主义新胜利的政治宣言和行动纲领，是马克思主义的纲领性文献。大会提出的一系列重要思想、重要观点、重大战略、重大举措，标注了新起点，开启了新征程，谱写了新篇章，擘画了新蓝图。

伟大的实践需要伟大的掌舵者、领航人。新时代的伟大实践充分证明，党确立习近平同志党中央的核心、全党的核心地位，确立习近平新时代中国特色社会主义思想的指导地位，是推动党和国家事业取得历史性成就、发生历史性变革的决定性因素，对新时代党和国家事业发展、对推进中华民族伟大复兴历史进程具有决定性意义。"两个确立"作为党在新时代取得的重大政治成果，"是党应对一切不确定性的最大确定性、最大底气、最大保证"①。

① 张来明. 坚持"两个确立"做到"两个维护"走好新的赶考之路：党的二十大精神学习感想 [J].中国发展观察,2022(10):5-21.

踔厉奋发担使命，昂首迈步新征程！2022年12月22日，中国共产党四川外国语大学第二次代表大会在东区大礼堂胜利召开。这是在全校上下深入学习宣传贯彻党的二十大精神的重要时刻，在加快实施"十四五"事业发展规划、奋力实现全年目标任务的关键时期，召开的一次重要会议。

党委书记邹渝代表上届党委作题为《负重自强 守正创新 勠力同心 砥砺奋进 开启建设特色鲜明的高水平应用研究型外国语大学新征程》的工作报告。报告从党的领导全面加强、一流学科建设成绩突出、一流本科建设成效明显、人才培养特色更加凸显、科学研究取得重大突破、师资队伍建设成效显著、国际化特色建设

图5—11 中国共产党四川外国语大学第二次代表大会召开（2022年12月，川外）

有力推进、内部治理能力不断提升、校地合作和社会服务全面拓展、民生福祉持续增强、全面从严治党纵深推进11个方面全面回顾总结了四川外国语大学第一次党代会以来学校所取得的优异成绩。报告指出，5年来的改革、建设与发展实践，让我们总结了几条经验，即5个"只有"：只有同频共振，才能把握航向；只有负重自强，才能登高涉远；只有守正创新，才能进而有为；只有依靠师生，才能凝聚力量；只有同心同德，才能行稳致远。

党委书记邹渝在报告中明确了新时代新征程学校的发展形势和发展思路，提出只有进行"第三次创业"，才能在危机中育先机、于变局中开新局，是建设特色鲜明的高水平应用研究型外国语大学的先手棋、关键一招。要坚持"1235"发展思路，即锚定"一个目标"：坚持"应用研究型"办学定位，坚定不移走"特色鲜明"和"高水平"办学之路。统筹"两大任务"：加快"内涵建设"和推进"外延拓展"。走稳"三个阶段"：到2027年，要为建设特色鲜明的高水平应用研究型外国语大学取得更多标志性成果；到2035年，建成特色鲜明的高水平应用研究型外国语大学；到2050年，也就是学校建校一百周年，国家全面建成社会主义现代化强国之际，学校综合实力在全国高校中进一步提升，办学品质和品牌进一步彰显，国际影响力进一步增强。把牢"五个抓手"：以立德树人为根本、以学科建设为龙头、以人才队伍为关键、以深化改革为动力、以开放办学为抓手，依靠艰苦创业开辟事业发展新天地。

站在新的历史起点上，川外人将坚持以习近平新时代中国特色社会主义思想为指导，牢记为党育人、为国育才初心使命，共筑建设特色鲜明的高水平应用研究型外国语大学的川外梦，培养更多堪当民族复兴大任的时代新人，奋力谱写新时代立德树人新篇章。

实现中华民族伟大复兴，归根结底要靠人才、靠教育。回溯中国共产党百年历史，外语教育始终与国家命运紧密相连。习近平总书记强调，"参与全球治理需要一大批熟悉党和国家方针政策、了解我国国情、具有全球视野、熟练运用外语、通晓国际规则、精通国际谈判的专业人才"。学校始终把家国情怀作为外语人才培养的首要素养，用党的科学理论武装青年，用党的初心使命感召青年，引导他们扣好人生第一粒扣子，不断在课堂上和实践中坚持铸魂育人、厚植家国情怀。川外在各个历史时期都涌现出了一批又一批胸怀祖国、对党忠诚、献身科学、自力更生、艰苦朴素、甘为人梯、拼搏奉献的时代楷模，他们的"事迹可学可做，精神可追可及"，为时代新人培育提供了强大的精神动力。学校要善于运用红色校史资源，充分挖掘和利用好校史中模范人物精神资源，强化文化育人功能，充分释放红色校史资源中蕴藏的育人导向、示范和激励功能。教育引导学生传承前辈学者的高尚精神和优良品质，树立崇高的理想信念，用理想之光照亮奋进之路，在学思践悟中牢记初心使命，在知行合一中强化责任担当，在细照笃行中培塑优良作风，从红色校史中汲取奋力前行的智慧和力量。

"党的二十大为高等教育改革发展指明了奋斗目标和发展方向。面向2035年，中国将更加坚定不移实施科教兴国战略和人才强国战略，坚持优先发展教育，加快推进教育现代化，推动教育取得全方位、开创性历史成就，为中国参与全球教育治理奠定坚实基础。"①四川外国语大学将以党的二十大精神为指引，推动习近平新时代中国特色社会主义思想融入课程、浸润心田，立足国家战略，回答高等教育时代命题，加快建设高水平应用研究型外国语大学，努力培养更多堪当民族复兴大任的时代新人。

① 王定华.传承红色基因 培育堪当民族复兴大任的"三有"人才 [J].思想政治工作研究，2023（2）：27-29.

参考文献

一、著作类

[1] 习近平.高举中国特色社会主义伟大旗帜为全面建设社会主义现代化国家而团结奋斗：在中国共产党第二十次全国代表大会上的报告（2022年10月16日）[M].北京：人民出版社，2022.

[2] 习近平.决胜全面建成小康社会夺取新时代中国特色社会主义伟大胜利：在中国共产党第十九次全国代表大会上的报告（2017年10月18日）[M].北京：人民出版社，2017.

[3] 中共中央党史和文献研究院.十八大以来重要文献选编（上中下）[M].北京：中央文献出版社，2018.

[4] 中共中央党史和文献研究院.十九大以来重要文献选编（上中下）[M].北京：中央文献出版社，2021.

[5] 王丙申.鸿春豪情[M].重庆：重庆出版社，2012.

[6] 郑白玲.四川外国语大学校史：1950-2020 [M].成都：成都地图出版社有限公司，2020.

[7] 王重鸣.管理心理学[M].北京：人民教育出版社，2001.

[8] 责任者不明.中华人民共和国档案法[M].北京：人民出版社，2020.

二、论文类

[1] 李志，李慧勤，刘欣颖.关于世界一流大学共同特征的研究[J].中国校外教育，2010（20）：13，44.

[2] 朱小蔓.提升校史研究质量，服务学校长远发展[J].教育史研究，2007（4）：34-36，90.

[3] 付春梅，梁敬芝，万静.浅谈我国高校校史研究发展趋势：以中国人民大学校史研究为例[J].中国高教研究，2009（3）：86-87.

[4] 佟杰，张露，赵一娜.深入挖掘校史文化资源，促进"双一流"高校校园文化建设[J].科教导刊，2020（36）：29-30，99.

［5］陈红曼.新时期高校教师师德建设的思考［J］.辽宁经济管理干部学院学报，2008（1）：65-66.

［6］张晓庆.教师爱岗敬业的道德意蕴与伦理实现［J］.赤峰学院学报（汉文哲学社会科学版），2015，36（10）：216-218.

［7］王永明，盖鑫.新时代大学生艰苦奋斗精神培育研究［J］.黑龙江工业学院学报（综合版），2021，21（5）：22-25.

［8］段惠方.开展校史教育传承大学精神的路径［J］.高教论坛，2021（10）：60-62.

［9］王增磊，张慧杰，张敏乔.新时代高校师德师风建设研究［J］.科教文汇，2022（13）：1-3.

［10］朱逸冰.百年"诚朴""忠信"犹存：江苏省新苏师范学校校训研究［J］.苏州市职业大学学报，2021，32（3）：2-6.

［11］王妍.校史育人：大学文化建设新的增长点［J］.兰台世界，2014（5）：54-55.

［12］于景华，刘阳.论高校校史建设与爱校荣校教育的结合及路径：以北京化工大学为例［J］.黑河学刊，2019（3）：135-136.

［13］颜井平，陈凯健.校友意识对校园文化建设的促进作用初探［J］.理论观察，2015（12）：128-129.

［14］王妮.大学校训育人功能研究［D］.兰州：兰州理工大学，2016.

［15］王建峡.培养校友文化努力塑造校园文化的内在精神品格［J］.中南林业科技大学学报（社会科学版），2011，5（5）：120-121，131.

［16］宋志章，尹鸥，高歌.校友资源在高水平大学建设中的作用研究［J］.教育与职业，2013（24）：182-183.

［17］郭胜利，尹登泽.积极筹措校友基金，共谋学校发展战略［J］.教育与现代化，2006（3）：77-80.

［18］朱孔军.以新发展格局引领高等教育高质量发展［J］.红旗文稿，2021（3）：36-38.

［19］共青团中央书记处.党领导中国青年运动的光辉历程［N］.中国青年报，2021-07-01（1）.

[20] 胡献忠.百年来中国共产党青年工作的历史性成就和基本经验[J].中国青年研究，2021（5）：5-13.

[21] 冯兵，钟以瑞.论习近平总书记对党的青年工作的深化与延伸[J].广东青年研究，2022，36（4）：1-12.

[22] 张志华，崔峰，王正名.从历次党代会报告看党的百年青年工作观[J].中国共青团，2023（8）：8-10.

[23] 刘贵芹，王永杰.新时代新征程党的青年工作的三重逻辑[J].前线，2023（1）：26-29.

[24] 马国英，姜洁，杨昊.在民族复兴征程中激扬青春：总书记这样指引新时代青年工作[N].人民日报，2022-05-10（1）.

[25] 赵静姝.青春不负红色梦想：中国共产党领导下的中国青年运动百年历程[J].金融言行（杭州金融研修学院学报），2022（5）：29-32.

[26] 王树荫，杨文.新时代青年教育的理论指引和原则遵循[J].思想理论教育导刊，2023（2）：128-136.

[27] 胡忠英.论中国青年"追求进步"的思想意蕴与能量转化[J].广东青年研究，2022，36（3）：12-22.

[28] 张翼，谢茂松，陆杰华，等.中国式现代化与青年高质量发展（笔谈）[J].青年探索，2023（1）：5-22.

[29] 张东刚，刘伟.高校必须坚守为党育人为国育才的初心使命[J].思想政治工作研究，2022（4）：18-20.

[30] 青宣.紧跟伟大的党铸造青春荣光：中国共青团成立一百年来的壮阔征程[J].中国共青团，2022（9）：5-21.

[31] 马振清.中国化时代化马克思主义青年观探析[J].新疆师范大学学报（哲学社会科学版），2023，44（3）：59-72.

[32] 贺军科.新时代党的青年工作的根本遵循：深入学习贯彻习近平总书记关于青年工作的重要思想[J].中国共青团，2023（1）：5-10.

[33] 钟轩理.五四精神与中国道路[N].人民日报，2019-05-20（1）.

[34] 马有林.中国式现代化推进两个百年奋斗目标的生成逻辑和历史必然[J].云南社会主义学院学报，2022，24（4）：14-22.

［35］方江山.着力讲好老一辈革命家的成长故事［J］.人民周刊，2021（24）：52-55.

［36］陈中奎.勇做走在时代前列的奋斗者［J］.理论导报，2022（6）：56-58.

［37］责任者不明.论学习贯彻习近平总书记在庆祝中国共产主义青年团成立一百周年大会上重要讲话［J］.人民周刊，2022（9）：17-21.

［38］栾娜.把青春奋斗融入党和人民事业［J］.红旗文稿，2021（18）：46-48.

［39］林明惠.中国共产党领导百年青年运动的光辉历程［J］.思想政治工作研究，2022（5）：29-31.

［40］钱永祥.改革开放时期党的青年工作在杭州的实践研究［J］.青年学报，2022（2）：100-106.

［41］曹洪军，苗青.论大学生思想政治教育内容针对性的内涵要求及提升路径［J］.煤炭高等教育，2022，40（5）：52-60.

［42］文汇.复兴之路全新启航：从油画《启航：中共一大会议》说起［J］.党史文汇，2023（1）：64.

［43］罗成翼.红校史育"大先生"：新时代红色师魂培育的创新实践［J］.思想理论教育导刊，2022（11）：105-111.

［44］卢钰松，黄春妙，罗美金."数学方法论"课程思政建设探究与实践［J］.教育教学论坛，2023（14）：141-144.

［45］张希中，崔誉斤.中国共产党百年育新人探索历史演进及现实启示［J］.河南科技学院学报（社会科学版），2023，43（2）：63-69.

［46］赵长山.百年经验开辟新的征程［J］.新长征（党建版），2022（2）：48-50.

［47］李昱丰，王珂.伟大建党精神与中国共产党人的政治品质［J］.理论研究，2022（2）：57-63.

［48］张东刚.努力培养堪当民族复兴重任的开路先锋、事业闯将［J］.红旗文稿，2022（11）：4-8.

［49］杨丹.加强全球战略规划与实施建设世界一流外国语大学［J］.中国高

等教育，2022（5）：16-18.

[50] 徐墨.美国面向东盟的教育"圈层战略"[J].世界教育信息，2023，36（3）：11-19.

[51] 陈宝生.深入学习贯彻习近平总书记关于教育的重要论述[J].新课程导学，2020（7）：1-3.

[52] 光明日报调研组.向着科技前沿和国家需要进发：清华大学服务国家高水平科技自立自强的实践探索与启示[N].光明日报，2022-09-16（5）.

[53] 李义丹，董玥欣."双一流"建设背景下的一流人才：内涵、评价、生成与发展[J].重庆大学学报（社会科学版），2022，28（4）：95-105.

[54] 楚国清."大思政课"善用之[J].北京教育（高教），2023（3）：6-21.

[55] 高全孝，吴翊卿.西藏民族大学外语教育发轫考略[J].西藏教育，2022（9）：12-14.

[56] 新华社.习近平在清华大学考察时强调坚持中国特色世界一流大学建设目标方向为服务国家富强民族复兴人民幸福贡献力量[J].思想政治工作研究，2021（5）：14-16.

[57] 刘俊波.教育进入装备时代[J].教育与装备研究，2021，37（5）：1.

[58] 黄蔚.中国公派出国留学事业发展综述：30年方兴未艾[N].中国教育报，2008-12-30（1）.

[59] 周光礼.习近平总书记"双一流"建设思想研究[J].清华大学教育研究，2022，43（3）：15-22.

[60] 谢俊思.心怀"国之大者"为党育人为警育才：习近平总书记在清华大学考察时的重要讲话在公安部直属高等院校引发热烈反响[EB/OL].（2021-04-21）[2023-06-17].中国警察网.

[61] 潘晴雯.把新时代高校党的政治建设推向深入[J].群众，2022（17）：39-40.

[62] 王定华.传承红色基因培育堪当民族复兴大任的"三有"人才[J].思

想政治工作研究，2023（2）：27-29.

［63］鲍锦涛，谢冰.高校创新能力强科技才能自立自强［N］.光明日报，2022-08-02（3）.

［64］雷朝滋.十年攻坚克难创新引领发展［J］.中国高等教育，2022（15）：7-9.

［65］本报评论员.为服务国家富强民族复兴人民幸福贡献力量［N］.人民日报，2021-04-21（4）.

［66］王珏.高校红色校史文化品牌培育与传承研究［J］.才智，2023（11）：61-64.

［67］王东升，张锋，易军艳，等.工程学科专业课程群课程思政体系建设与思考：以哈尔滨工业大学道路工程学科为例［J］.高等建筑教育，2021，30（3）：94-99.

［68］江蓝生.稳步迈进第二个50年：贺语言研究所50年所庆［J］.中国语文，2000（5）：387-389.

［69］谢建美.国际视域下的邓小平文化建设思想［J］.攀登（哲学社会科学版），2014，33（2）：134-137.

［70］许邵庭.中国共产党贵州省第十三届委员会第二次全体会议公报［EB/OL］.(2022-11-11)［2023-06-17］.当代先锋网.

［71］张来明.坚持"两个确立"做到"两个维护"走好新的赶考之路：党的二十大精神学习感想［J］.中国发展观察，2022（10）：5-21.

［72］责任者不明.中共中央关于认真学习宣传贯彻党的二十大精神的决定［EB/OL］.（2022-11-30）［2023-06-17］.新华网.

［73］责任者不明.中共北京市委关于认真学习宣传贯彻党的二十大精神的实施意见［N］.北京日报，2022-11-03（1）.

［74］兰琳宗.关键时刻召开的一次十分重要的大会［N］.中国纪检监察报，2022-10-31（1，3）.

［75］责任者不明.人民银行、外汇局召开学习贯彻党的二十大精神宣讲报告会［EB/OL］.（2022-11-07）［2023-06-17］.国家外汇管理局官网.

［76］陶宇新.推动党的二十大精神进校园入课堂在新征程上担当青年使命书写华彩篇章［N］.台州日报，2022-11-05（1）.

［77］韩璐璐.新时代大学生奋斗精神培育优化研究［D］.长春：东北师范大学，2022.

［78］责任者不明.中共中央关于党的百年奋斗重大成就和历史经验的决议.［EB/OL］.（2021-11-16）［2023-06-17］.中国政府网.

［79］秦琳，浦小松，王晓宁.提升我国教育世界影响力：习近平总书记关于教育的重要论述学习研究之十二［J］.教育研究，2022，43（12）：4-14.

［80］许丹云，刘祖佚.“新文科”视域下中国外语研究的现状评述：基于CiteSpace知识图谱的可视化分析（2018—2022年）［J］.贵州师范学院学报，2023，39（2）：74-84.

［81］新华社.高举中国特色社会主义伟大旗帜为全面建设社会主义现代化国家而团结奋斗：习近平同志代表第十九届中央委员会向党的二十大作报告（摘登）［J］.中国金融家，2022（11）：8-25.

［82］傅坤，徐欣.红色校史融入高校大学生思想政治教育的路径研究［J］.黑龙江教育（理论与实践），2023（6）：9-11.

［83］张文超.加强国际传播能力视域下高校外语专业教材历史溯源和创新探析［J］.中国出版，2022（23）：23-26.

［84］夏咏梅，王蕾.运用党的百年精神谱系培育时代新人研究［J］.教育与教学研究，2023，37（4）：49-59.

［85］宁吉喆.中国式现代化的方向路径和重点任务［J］.管理世界，2023，39（3）：1-19.

［86］韩媛媛，杨蔚.高校课程思政的研究热点与发展态势（2016—2021年）：基于CiteSpace文献计量统计［J］.高教论坛，2023（1）：1-5，25.

［87］孙律.校史资源运用于大学生思想政治教育研究：以武汉科技大学为例［D］.武汉：武汉科技大学，2019.

［88］张莲莲.校史资源在思政教育中的功能及其实现路径研究：以安徽

農业大学为例［D］.合肥：安徽农业大学，2018.

［89］ 金雁.以校史文化推进校园文化建设的路径研究［D］.成都：西南交通大学，2009.

［90］ 张栋敏.榜样精神融入高校思想政治教育研究［D］.桂林：桂林电子科技大学，2022.

［91］ 田莹.大学校友文化及其培育研究［D］.大连：大连理工大学，2013.

三、未刊文献

［1］（川外校史内部资料）《四川外语学院纪事（1950—1985.5）》

［2］（川外校史内部资料）《川外·川外人》（一、二、三辑）

［3］（川外校史内部资料）王丙申.《兴学创业四十年——献给四川外语学院建校四十年》

［4］（川外校史内部资料）王丙申.《激情似火的岁月——献给四川外语学院建校六十年》

［5］（川外校史内部资料）《记忆川外：口述校史》（第一辑）

后 记

本书系"四川外国语大学新文科建设系列教材"之"新文科建设：以文化人系列丛书"之一，也是苟欣文教授领衔的2020年度重庆市高校思想政治工作精品项目"文化育人"之"校史文化育人"课题的最终成果。同时，本书还是四川外国语大学2020年党建和思想政治教育重点项目"校史资源协同高校'三全育人'发展研究"（项目编号sisu202072）的配套项目的最终成果、四川外国语大学"塑魂·蒙正"思想政治工作精品项目培育建设工程第二期（2020年）基于"校史资源协同高校'三全育人'发展研究"重点项目最终成果。

给出这个"四合一"课题的交代是很不容易的。由于工作变动，我离开了原先的岗位，后来又按照学校安排，前往秀山参加乡村振兴工作，一去就是两年。虽然岗位调整，人在远离学校400余公里之外的偏远小镇，但我心中时常牵挂着课题。2022年3月，学校再次启动了课题的编写工作，我内心有一种莫名的激动，从我工作的乡村启程，赶回学校，重新组建人马，召集会议，商讨写作提纲和分工。在接下来的一年多时间里，我一边在网上和成员们商讨写作进展，一边在秀山土家族苗族自治县涌洞镇涌洞村的一处民居里，白天忙碌的工作之余，挑灯夜战，冥思苦想。我在心里默念：这是我在乡村振兴的舞台上完成的最后一件大事情，并以此献给这段丰富我的人生阅历的不老岁月。

摆在读者面前的这本书是集体智慧的产物。我和成员们一起商讨写作提纲，我负责了序言、第一章和后记，并对全书进行了修改完善，编辑统稿；其他章节的分工分别是，陈挚主任撰写第二章，常慧明博士撰写第三章，肖洋、王品撰写第四章，宋雷博士撰写第五章。周帆和梁文屹同志提供了大部分照片，古晶和胡义强同志在课题的协调和推进方面发挥了重要作用。感谢全体课题组成员一年多以来的辛勤工作，他们在繁忙的工作之余，利用难得的休息时间，加班加点完成书稿，实属不易。感谢学校领导对本书的指导和支持，感谢重庆大学出版社社文分社张慧梓社长在编辑出版方面的支持，没有他们的帮助，本书是无法完成的。

73年的校史，涉及的人物、事件成千上万，我们从中选取了部分优秀教师、校友及他们的感人故事和先进事迹作为校史育人的代表和案例，挂一漏万，有所出入，实属难免。在此，我代表全体编写者向当事人、亲历者表示深深的谢意、歉意！

要特别感谢本书照片中的主人公和照片摄影者。这些照片大部分援引《四川外国语大学校史（1950-2020）》一书，一部分来自学校党委宣传部、《记忆川外：口述校史》（第一辑）编写组提供的照片，还有极少部分是来自个人的拍摄。这些照片都与校史、校友有着千丝万缕的联系。由于时间跨越73年，有些照片距离今日较为久远，涉及的人物十分丰富，没有办法一一征得照片的和主人公和摄影者同意，再次向他们表示诚挚的谢意、歉意！好在本书宗旨是挖掘发扬学校校史文化以培育时代新人，是由学校部署的文化育人项目，并无营利企图，我们的罪过似可略减一分。

书中肯定还有很多不尽如人意的地方。究其原因，首先是我们对学校70余年校史中的文化育人资源没有充分吸收、完全掌握，所以在挖掘、阐释、转化方面，深度和广度都有待于进一步提高；其次是我们对语言文字的处理技巧掌握不够熟练，对写作艺术理解比较青涩；最后是由于我远离学校，与编写组的成员们交流探讨不够及时和充分。这些不足和遗憾，只能在下一次修改或者再找其他机会补救完善。我恳请读者们以批判眼光检视本书，并提出进一步修改、完善的意见、建议。

官晴华

2023年5月于秀山县涌洞村民居